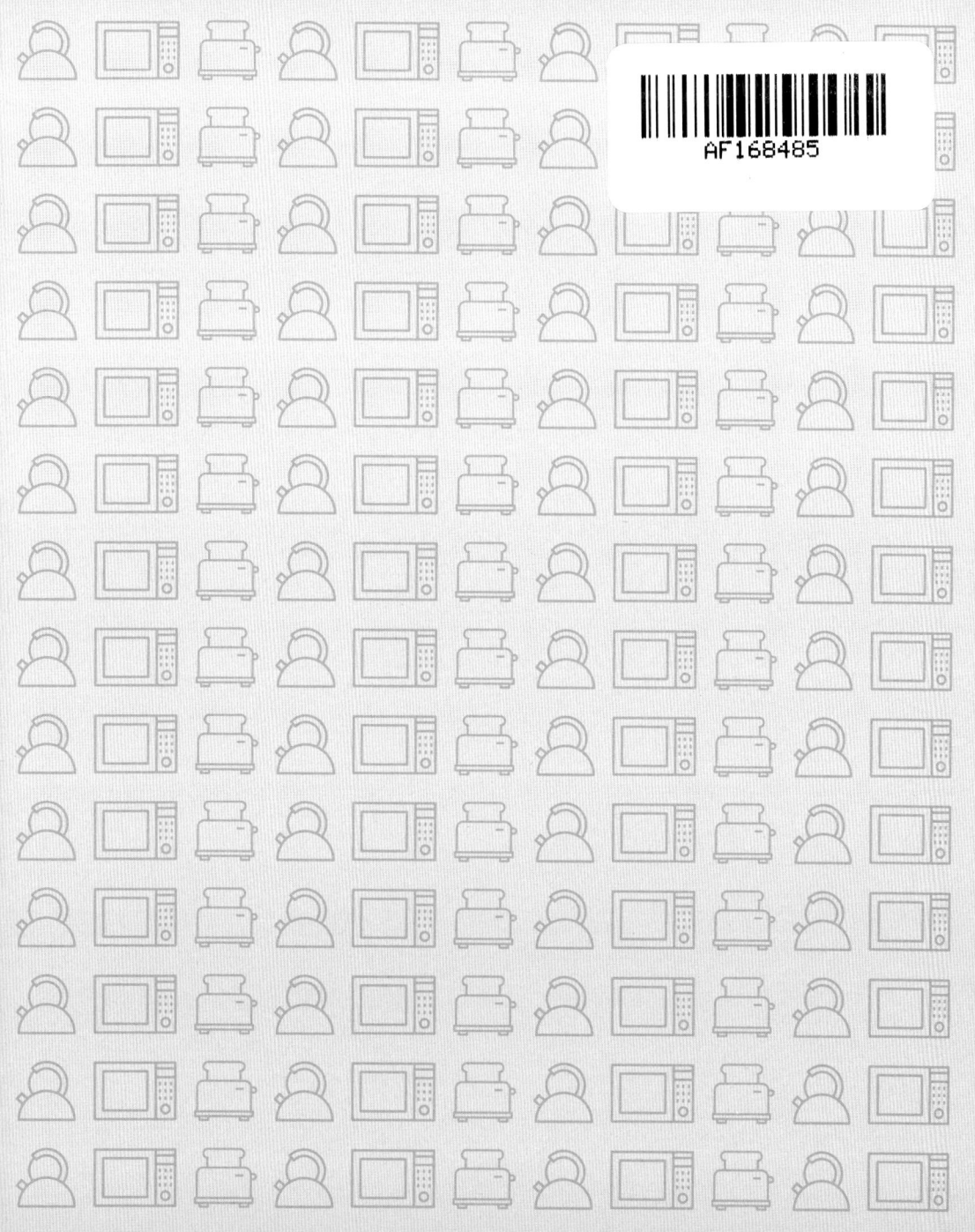

GENIALE JOB KÜCHE

  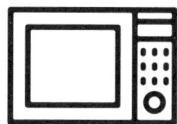

GENIALE JOB KÜCHE

SCHNELLE REZEPTE FÜR WASSERKOCHER, TOASTER & MIKROWELLE

RACHEL MAYLOR

Inhalt

7	Kochen im Büro
12	Die wichtigsten Zutaten
18	Ausstattung & Küchentipps
25	Schnelles für den Frühstart
35	Frühstück von Format
53	Stärkende Snacks
69	Leichtes zum Lunch
87	Sättigendes zum Lunch
125	Süße Snacks
141	Einfache Getränke
155	Dressings & Aufstriche
168	Register
175	Dankeschön

KOCHEN IM BÜRO

Die Idee zu diesem Buch kam mir ein paar Monate, nachdem ich für einen neuen Job nach London gezogen war. Meine täglichen Mahlzeiten hatten sich schnell auf eine spärliche Auswahl trister Optionen reduziert, keine davon besonders gesund, lecker oder sättigend. Unter dem Druck, mich in meiner neuen Aufgabe zu bewähren, und bei dem riesigen Arbeitspensum hatte ich meine Ernährung ziemlich vernachlässigt.

Auf dem Weg zur Arbeit griff ich oft zu einem überzuckerten Müsliriegel, um die Hungerattacken auf der langen Fahrt abzuwehren. Zur Mittagszeit war ich dann so ausgehungert, dass ich hastig aus dem Büro stolperte und den erstbesten Bissen ansteuerte, der sich anbot, meist ein schlaffer Salat, eine Take-away-Suppe oder ein gefährlich salziges und dennoch eigenartig fades Sandwich. Kam dann um drei das Nachmittagsloch, griff ich zur Keksschachtel, die im Büro die Runde machte, und den Rest des Tages stopfte ich wahllos weitere zuckrige Snacks in mich hinein – Naschkram, den Kollegen mitgebracht hatten, oder ein Stück Geburtstagskuchen vom Vortag. Zurück zu Hause (immer noch nicht satt) musste dann schnell eine Riesenportion Kohlenhydrate her. Frühstück und Mittagessen waren langweilig, farblos und monoton, dazu versorgten sie mich kaum mit der nötigen Energie, um den Tag durchzustehen. Eigentlich koche und esse ich gern, was war es da für ein Jammer, dass auf meinem Teller derartige Tristesse herrschte.

Eine Falle, in der viele sitzen – schnell gesund und anständig zu essen, geht ins Geld und ein Fulltime-Job kann einen ganz schön auf Trab halten. Ich war nie wild darauf, den kostbaren Feierabend damit zu verbringen, den nächsten Lunch vorzukochen, und der Rest vom Vortag ist auch nicht immer das Gelbe vom Ei – wenn es überhaupt einen gibt! Ich war überzeugt davon, dass es auch anders geht, und beschloss, meine Mittagspause besser zu nutzen. Es sollte sich herausstellen, dass ein gesundes Frühstück oder Mittagessen gar nicht so viel Zeit erfordert.

Ich überlegte, was ich mit den Gerätschaften in meiner Büroküche (Wasserkocher, Mikrowelle und Toaster) und der Handvoll zusammengewürfelter Utensilien anfangen konnte. Zunächst schienen die Möglichkeiten eher begrenzt, dabei lassen sich viele Gerichte genauso gut in der Mikrowelle wie auf dem Herd oder im Ofen zubereiten – und zwar in einem Bruchteil der Zeit!

Alle Arbeiten mussten sich schnell erledigen lassen, die Zutaten leicht zu beschaffen sein: Dinge, die man im Supermarkt oder im Laden um die Ecke bekam. Es sollte auch bezahlbar bleiben, zumindest mal preiswerter, als jeden Tag Fertigkost zu kaufen. Als Anregung dienten mir Gerichte, die ich gewöhnlich zum Abendessen zubereite; ich dachte darüber nach, wie ich sie an die Gegebenheiten einer Büroküche anpassen könnte.

Ich war überrascht, wie gut es funktionierte. Tag für Tag aus bunt zusammengewürfelten Zutaten abwechslungsreiche Mahlzeiten zu erfinden, machte sogar richtig Spaß – und satt dazu, kein verzweifelter Griff mehr in die Keksdose! Mittlerweile freue ich mich richtig auf den nächsten Lunch, ich koche und esse mit Genuss, statt am Schreibtisch mechanisch mit Salz und Zucker überfrachtetes Fast Food zu mampfen. Außerdem fühle ich mich besser, wacher und leistungsfähiger.

Je mehr ich die Büroküche nutze, desto leichter und schneller geht es und umso günstiger wird es. Als meine Kollegen neidisch auf meine völlig veränderte Mittagspause schielten, fiel mir auf, dass dieser Teufelskreis aus kläglichen Mahlzeiten ein Problem war, mit dem viele haderten. Daher beschloss ich, meine Geheimnisse zu verraten und meine Lieblingsrezepte und besten Küchentipps fürs Büro in einem Buch zusammenzufassen – auf dass auch Sie künftig bei der Arbeit etwas Anständiges zu essen bekommen. Das Buch soll Anregung sein und dazu ermuntern, Ihr Frühstück aufzufrischen, Ihre Snacks zu tunen und das gute alte Mittagessen neu zu entdecken.

WIE DIESES BUCH FUNKTIONIERT

Dieses Buch möchte Ihre Mahlzeiten am Arbeitsplatz besser und interessanter machen, sodass sie länger vorhalten und weniger kosten. Appetitmachende und ausgewogene Gerichte brauchen nicht viel Zeit und erfordern weder großartige Kochkünste noch umfängliche Vorbereitungen am Abend zuvor.

Sämtliche Zutaten in diesem Buch findet man im Supermarkt, viele kommen quer durch alle Mahlzeiten (Frühstück, Mittagessen und Snacks) immer wieder zum Einsatz, sodass am Ende keine halb leeren Packungen herumliegen.

Betrachten Sie die Rezepte als ein Reservoir an Ideen, die Sie anregen sollen, mit Zutaten nach Ihrem eigenen Geschmack zu experimentieren. Wer den Rezepten buchstabengetreu folgt, wird Gerichte entdecken, die sich ganz leicht in der Büroküche realisieren lassen. Einige sind federleicht und belebend frisch, andere ein wenig gehaltvoller. Suchen Sie sich etwas aus und kombinieren Sie nach Lust und Laune.

Die Mehrzahl der Gerichte lässt sich am Tag selbst zubereiten und alle kommen mit dem Arbeitsmaterial einer einfachen Büroküche aus; es ist nicht nötig, irgendetwas zu Hause vorzubereiten oder irgendwelches obskure Küchenwerkzeug anzuschaffen. Und kein Rezept benötigt mehr als 15 Minuten, es bleibt also genügend Zeit, um in aller Ruhe zu essen, bis die Arbeit wieder ruft.

Es reicht schon, wenn Sie nur ab und zu mal in der Woche einen Büro-Lunch zubereiten und Ihre Ernährung wird sich wesentlich verbessern. Außerdem bleiben bei vielen Rezepten ausreichend Zutaten übrig, um auch über den Rest der Woche zu kommen. Glauben Sie mir, das Leben einer Büroküchenfee könnte nicht leichter sein!

DIE WICHTIGSTEN ZUTATEN

In der hintersten Reihe meines Küchenschranks versauert eine Auswahl exotischer Kräuter, Gewürze und spezieller Sirups, die ich mal für ein Rezept gekauft und nie wieder verwendet habe. Genau so sollte es bei dem beschränkten Platz in Ihrer Büroschublade und in der gemeinsamen Kochnische nicht sein.

Alle folgenden aufgelisteten Grundzutaten kommen regelmäßig zum Einsatz, werden also keineswegs verstauben. Und alle sind im Supermarkt oder beim nächsten Obst- und Gemüsehändler erhältlich. Es ist nicht nötig, alles auf einmal zusammenzutragen, kaufen Sie einfach ein, wie es sich ergibt, und investieren Sie zunächst in die Dinge, die am wichtigsten sind.

GETREIDE UND KÖRNER Getreide ist extrem unkompliziert in der Zubereitung (siehe S. 22) und verleiht Mahlzeiten die nötige Substanz, sodass sie anhaltender sättigen. Couscous, Bulgur und Quinoa sind die in diesem Buch am häufigsten verwendeten Getreide bzw. Pseudogetreide. Alle halten sich fest verschlossen und trocken verstaut monatelang im Küchenregal.

HAFERFLOCKEN Ob warm oder kalt, Haferflocken sind ein wunderbarer Auftakt eines Arbeitstages. Kernige Haferflocken sättigen am nachhaltigsten, wie ich finde, und sie nehmen Fruchtsäfte (z. B. in Bircher Müsli) und jede Art von Milch und Milchersatz besonders gut auf. Man bewahrt sie gut verpackt und vor Feuchtigkeit geschützt im Küchenschrank auf.

SAMEN UND NÜSSE Sie sorgen zum Frühstück und in Salaten für knackigen Biss, lassen sich aber auch solo als kerniger Nachmittagssnack genießen.

TROCKENNUDELN Eine bewährte feste Grundlage einer jeden Mahlzeit, die auch noch jahrelang haltbar ist. Es gibt zahlreiche Sorten, manche sind besser für das Kochen ohne Wok geeignet als andere – zum Überbrühen mit kochendem Wasser sind Reis- und Weizenvollkornnudeln im Allgemeinen die beste Wahl.

OLIVENÖL Eine feste Größe zu Hause und nicht weniger nützlich in der Büroküche; vermutlich steht dort bereits eine angebrochene Flasche. Da man es in erster Linie für Salate und Dressings und weniger zum Kochen verwendet, sollte man zu nativem Olivenöl extra von guter Qualität greifen.

ACETO BALSAMICO / ROT- UND WEISSWEINESSIG Essig ist ein unverzichtbarer Bestandteil von Vinaigrettes und Dressings, noch dazu ist er praktisch unbegrenzt haltbar. Darüber hinaus benötigen Sie einen Schuss Essig (oder Zitronensaft), wenn Sie Lachs oder Hähnchen in der Mikrowelle garen.

KRÄUTER UND GEWÜRZE Ich würde nicht unbedingt zu einem ausgewachsenen Gewürzregal raten, doch ein paar sorgsam ausgewählte Kräuter und Gewürze können bei einfachen Gerichten Wunder wirken. Paprikapulver, Kreuzkümmel und Zimt sowie Kräutermischungen und Fenchelsamen gibt es in kleinen Döschen überall zu kaufen und lassen sich für herzhafte wie für süße Speisen verwenden. Dazu ist ein Topf Basilikum oder frische Minze ganz nebenbei noch eine Zier für Ihren Schreibtisch.

BRÜHWÜRFEL / KÖRNIGE BRÜHE Lösliche Gemüsebrühe versorgt Gerichte auf Getreidebasis mit einem Extraschub Aroma, außerdem kann man sie zum Garen von Fleisch einsetzen (siehe S. 22). Rechnen Sie etwa ½ Brühwürfel (oder die entsprechende Menge gekörnte Brühe) pro 1 Becher kochendes Wasser. Zunächst wird der halbe Brühwürfel im Becher mit einer Gabel zerdrückt, dann mit kochendem Wasser übergossen und unter Rühren aufgelöst. Nun kann man die Brühe anstelle von Wasser zum Garen von Getreide oder Hähnchen verwenden.

SALZ UND PFEFFER AUS DER MÜHLE (Meer-)Salz und frisch gemahlener schwarzer Pfeffer sind ein Muss. Beides gibt es in kleinen nachfüllbaren Mühlen zu kaufen, die Sie einfach auf den Schreibtisch stellen.

ZITRONEN UND LIMETTEN Ein Spritzer Zitronen- oder Limettensaft bringt jedes Gericht in Schwung. Verwenden Sie Zitrusfrüchte auch als Basis für ein Dressing oder als erfrischende Garnitur. Auch beim Garen von Lachs, Hähnchen oder Pute können ein paar Tropfen Zitrussaft fällig werden. Kaufen Sie gleich zu Wochenbeginn ein paar Zitronen und Limetten, Reste können Sie in Scheiben geschnitten für Karaffenwasser oder frischen Früchtetee (siehe S. 149-150) verwerten.

KNOBLAUCH Trocken gelagert kann Knoblauch Ewigkeiten überdauern. So eine Knolle kostet nicht die Welt, verleiht jedoch Dressings und Saucen eine unbezahlbare geschmackliche Tiefe. Aber bitte nicht übertreiben – eine Überdosis roher Knoblauch vor einem Meeting mit Kollegen ist keine ideale Kombination! Nach dem Hacken, Zerstoßen oder Reiben sollte man die Hände mit kaltem Wasser waschen – heißes Wasser fixiert den Geruch an den Fingern, wo er beharrlich den ganzen Nachmittag überdauert.

SÜSSUNGSMITTEL Ahornsirup, Honig und Agavensirup können die Naschlust befriedigen und sind ein wunderbares Topping für Porridge und andere Frühstücksoptionen. Aber maßvoll bitte schön, sie sind immer noch ziemlich reich an Zucker.

ZUTATEN RESTLOS AUFBRAUCHEN

Wir werfen zu viele Lebensmittel weg und lassen zu viel verderben. Die Rezepte in diesem Buch werden Ihnen helfen, Zutaten möglichst restlos zu verwerten. Ich habe sie mit Hinweisen und Tipps versehen, wie man Zutaten ersetzen kann, und die meisten Rezepte sind extra so gestaltet, dass man auch die vielen kleinen Reste und Altlasten im Regal und Kühlschrank verarbeiten kann.

Zutaten wie Lachs oder Hähnchenbrustfilets werden zumeist in Packungen zu zwei Portionen angeboten und für manch ein Rezept benötigt man nur eine halbe Süßkartoffel oder Zucchini. Um den Überschuss zu verwerten und Abfall zu vermeiden, kommen bei vielen Rezepten die gleichen Zutaten zum Einsatz. Dazu verweise ich auf andere Gerichte, mit denen man die Reste später in der Woche aufbrauchen kann. Bis dahin lagert man sie im Kühlschrank, ebenso wie Brot und frische Pasta, die sich ebenfalls gekühlt länger halten. Vor allem Fisch und Fleisch sollten gut verpackt und möglichst bald verbraucht werden.

Wer bei der Arbeit auf eine Tiefkühlmöglichkeit zurückgreifen kann, sollte sie unbedingt nutzen. Fleisch und Fisch halten sich tiefgefroren bis zu drei Monate. Dazu werden die Stücke noch am Tag des Einkaufs einzeln in Frischhalte- oder Alufolie gewickelt und sofort eingefroren. Zum Auftauen legt man das Fleisch oder den Fisch in der Folie in eine Frischhaltebox oder Schüssel (um austretenden Saft aufzufangen) und stellt sie über Nacht in den Kühlschrank.

Frische Kräuter lassen sich ebenfalls einfrieren und sind im Nu wieder aufgetaut. Ich kaufe oft gleich einen ganzen Beutel, selbst wenn ich nur eine kleine Menge benötige. Nicht wegwerfen, einfach in einen Gefrierbeutel stecken und einfrieren. Später dann jeweils die benötigte Menge entnehmen, zum Auftauen kurz unter lauwarmes Wasser halten und wie gewohnt hacken und zerrupfen. Dasselbe gilt übrigens für frische Chilis.

AUSSTATTUNG & KÜCHENTIPPS

Ihre Büroküche ist möglicherweise bereits besser ausgestattet, als Sie glauben. Neben den üblichen Tellern, Schalen, Messern und Gabeln finden sich da vielleicht auch Schneidebrett, Sparschäler, eine Reibe und eventuell ein kleines Sieb. Unten ist eine Liste von Utensilien, die ich sehr nützlich finde. Fehlt davon etwas in Ihrem Büro, gibt es in der Nähe garantiert irgendeinen Laden, der preiswerte Ausführungen der wichtigsten Küchenwerkzeuge bietet.

BECHER & WASSERKOCHER Der unscheinbare Kaffeebecher ist das vielseitigste (und überall vorhandene) Hilfsmittel in der Büroküche. Ich verwende ihn in diesem Buch durchgehend als Maß. Dabei entspricht ein Becher tatsächlich dem durchschnittlichen Bürokaffeebecher, nicht zu verwechseln mit den in US-Kochbüchern als Standardmaß verwendeten „cups". Auch der Wasserkocher gehört mittlerweile zur Grundausstattung am Arbeitsplatz.

PLASTIKGEFÄSSE In jedem Büro trifft man auf den notorischen Schrank, in dem ein Chaos aus verwaisten Plastikdosen herrscht … Zeit, sie einem vernünftigen Zweck zuzuführen. Sie sind ideal zum Aufbewahren von Körnern aller Art oder Nudeln wie auch für Salate, Obst und Reste von Fleisch.

SCHRAUBGLÄSER Sie sind hervorragend zum Mixen von Dressings. Einfach sämtliche Zutaten hineingeben, fest verschließen und kräftig schütteln. Sie kommen auch für meine Overnight-Rezepte zum Einsatz (siehe S. 44–50) und als Transportgefäß für Nudelgerichte (siehe S. 116).

FRISCHHALTEFOLIE Die beste Freundin des Bürokochs. Man setzt sie ein, um Reste zur Verwahrung im Kühlschrank zuzudecken, oder als Deckel, wenn man einen Becher als Dressing-Shaker verwendet, sowie als Abdeckung für Schüsseln während des Garprozesses (beim Überbrühen wie auch in der Mikrowelle). Versichern Sie sich vor dem Kauf auf der Schachtel, dass die Folie auch wirklich mikrowellentauglich ist.

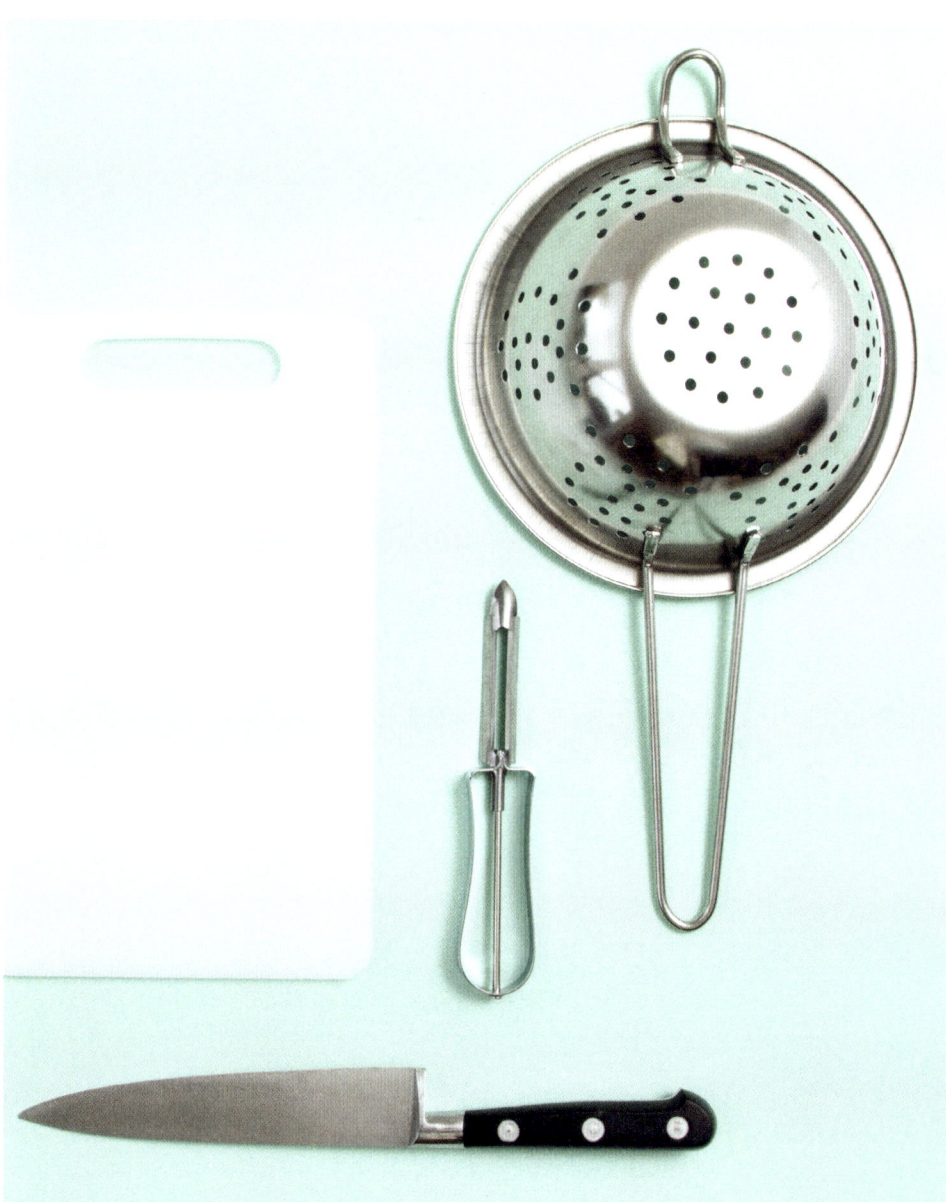

Eier, Fisch und Fleisch im Büro zu garen, mag nach einem Mordsaufwand klingen, ist aber eigentlich ganz unkompliziert. Diese grundlegenden Tipps und Tricks lassen sich auf viele Rezepte in diesem Buch anwenden, und wenn Sie den Dreh erst einmal raushaben, können Sie Ihre eigenen kulinarischen Experimente beginnen.

EIER ZUBEREITEN Das ist viel unkomplizierter, als manch einer denkt. Zum Pochieren füllt man einen Becher zur Hälfte mit kaltem Wasser, schlägt ein Ei hinein und lässt es auf den Boden sinken. Den Becher mit einem kleinen Teller oder mikrowellentauglicher Frischhaltefolie zudecken und für 60 Sekunden auf hoher Stufe in die Mikrowelle stellen. Während das Ei gart, eine Schüssel mit kaltem Wasser bereitstellen. Den Becher aus der Mikrowelle nehmen und das Ei vorsichtig in das kalte Wasser gleiten lassen, um den Garprozess zu stoppen. Das pochierte Ei anschließend mit einem Löffel herausheben und vor dem Servieren kurz auf Küchenpapier abtropfen lassen. Für Rührei in einer Schüssel 2 Eier mit einer Gabel verschlagen. 1 Stückchen Butter und 1 Schuss Milch dazugeben, mit Salz und Pfeffer würzen und in der Mikrowelle auf hoher Stufe 45 Sekunden garen. Die Schüssel herausnehmen, die Eier mit einer Gabel durchrühren und weitere 30 Sekunden garen. Ist das Rührei anschließend noch ein wenig zu flüssig, noch einmal 15 Sekunden daraufgeben.

LACHS ZUBEREITEN Ich hatte gedacht, wenn man Fisch in der Mikrowelle gart, riecht das Büro anschließend wie ein ganzer Fischladen, umso angenehmer war ich überrascht, dass dem überhaupt nicht so ist. Nicht mal in der Mikrowelle selbst hinterlässt er einen Geruch! Das Lachsfilet waschen, in eine flache mikrowellentaugliche Schale legen, halbhoch kaltes Wasser einfüllen und 2 EL Weißweinessig dazugeben. Mit einem Teller oder mikrowellentauglicher Frischhaltefolie zudecken und in der Mikrowelle auf hoher Stufe 3 Minuten garen. Den Lachs herausnehmen und den Gargrad prüfen – er sollte sich mühelos zerpflücken lassen und durch und durch rosa sein. Ist er es nicht, die Garzeit um 30 Sekunden verlängern.

HÄHNCHEN UND PUTE ZUBEREITEN Auch bei Geflügel hätte ich geglaubt, dass es für die Büroküche wohl eher nicht geeignet ist, doch sowohl Hähnchen als auch Pute werden in der Mikrowelle wunderbar zart und saftig. Dazu die Hähnchen- oder Putenbrust waschen, in eine mikrowellentaugliche Schale legen und mit kaltem Wasser bedecken. Sie können auch etwas Brühe für ein bisschen Extrawürze hinzugeben. Mit 1 Prise Salz und Pfeffer und 1 Spritzer Zitronensaft würzen, mit einem Teller oder mikrowellentauglicher Frischhaltefolie zudecken und in der Mikrowelle auf hoher Stufe 3 Minuten garen. Anschließend zur Garprobe mit einem Messer an der dicksten Stelle einschneiden – das Fleisch sollte durch und durch weiß sein. Ist es noch leicht rosa, weitere 30 Sekunden garen und erneut kontrollieren.

GETREIDE ZUBEREITEN Quinoa, Bulgur und Couscous sind großartige Optionen, um einem Essen Substanz und Struktur zu verleihen, und alle sind im Handumdrehen gar. Dazu müssen Sie zuerst im Wasserkocher heißes Wasser aufkochen. Rechnen Sie 1 Becher kochendes Wasser pro ½ Becher Quinoa oder Bulgur bzw. etwa ½ Becher kochendes Wasser pro ½ Becher Couscous. Wer möchte, kann ein wenig Brühe ins Wasser geben. Das Getreide in einem Sieb unter kaltem Wasser abspülen, um Stärkereste auszuwaschen, und in eine mikrowellentaugliche Schüssel geben. Anschließend mit dem kochend heißen Wasser übergießen und mit etwas Salz und Pfeffer würzen. Mit einem Teller oder mikrowellentauglicher Frischhaltefolie zudecken und in der Mikrowelle auf hoher Stufe 6 Minuten garen. Das gegarte Getreide anschließend mit einer Gabel auflockern.

EIN DRESSING MISCHEN Die einfachste, schnellste Methode: Alle Zutaten in einem Schraubglas oder einer Frischhaltedose mischen, fest verschließen und kräftig schütteln. Das Dressing hält sich im Kühlschrank 2 bis 3 Tage.

FRISCHE FRÜCHTE Ich lege gern einen Wochenvorrat an frischen Früchten wie Mangos, Ananas und Granatäpfeln an, die ich im Kühlschrank lagere und über die Woche verbrauche. Es gibt für süße wie für salzige Gerichte viele Verwendungsmöglichkeiten, sodass nichts auf der Strecke bleibt.

SCHNELLES FÜR DEN FRÜHSTART

Schluss mit zuckerlastigen Frühstücksriegeln auf dem Weg zur Arbeit und hastig verzehrten Müslis am Schreibtisch – in diesem Kapitel finden Sie schnörkellose Frühstücksrezepte, die die nötige Energie liefern und im Handumdrehen fertig sind.

Warme Honig-Nektarinen
mit Körnertopping

⏱ **unter 5 Minuten**

2 reife Nektarinen
1 TL Honig
1 Spritzer Zitronensaft
2 gehäufte EL griechischer
  Joghurt
2 TL kernige Haferflocken
gemischte Körner

Extra-Toppings
Kokosraspel
gehobelte Mandeln
Himbeeren
Kakaonibs
Chiasamen

Dies ist bei mir erste Wahl, wenn es ums Frühstück geht – genau genommen könnte ich es den ganzen Tag lang essen. Die Nektarinen kann man durch jede andere saftige Frucht ersetzen.

Die Nektarinen waschen, halbieren und entsteinen. In dicke Spalten schneiden und in eine mikrowellentaugliche Schüssel legen. Den Honig und den Zitronensaft dazugeben und mit einem Löffel vermischen, bis die Früchte gleichmäßig überzogen sind.

Die Nektarinen in der Mikrowelle auf hoher Stufe 90 Sekunden erhitzen, bis sie durch und durch warm und etwas weicher geworden sind. Aus der Mikrowelle nehmen und noch einmal kurz durchrühren.

Die Früchte mit Joghurt garnieren und mit den Haferflocken und dem Körner-Mix bestreuen.

Erdbeer-Hafer-Muffin

⏱ **etwas über 5 Minuten**

¼ Becher kernige Haferflocken
2 EL Weizenvollkornmehl
2 EL Buchweizen
¼ TL Zimtpulver
½ TL Backpulver
Salz
¼ Becher Mandeldrink
½ Becher Erdbeeren, plus
  einige Erdbeeren zum
  Garnieren
1 TL Ahornsirup

In einem Becher Haferflocken, Mehl, Buchweizen und Zimt vermengen. Das Backpulver und 1 Prise Salz hinzufügen, den Mandeldrink dazugießen und mit der Gabel verrühren.

Die Erdbeeren waschen, putzen, in kleine Stücke schneiden und mit dem Ahornsirup unter die Haferflockenmasse rühren.

Den „Muffin" in der Mikrowelle auf hoher Stufe 90 Sekunden backen. Ist die Masse anschließend noch ein wenig feucht, den Becher wieder hineinstellen und weitere 30 bis 60 Sekunden garen. Anschließend 1 Minute abkühlen lassen.

Mit Erdbeeren garnieren und direkt aus dem Becher genießen.

Sonnige Frühstücks-Salsa
mit Ananas und Mango

⏱ **etwas über 5 Minuten**

½ kleine Ananas
½ reife Mango
einige Minzeblätter
1 haselnussgroßes Stück
 Ingwer, gerieben
1 Spritzer Limettensaft
1 TL Honig oder Agavensirup
2 EL griechischer Joghurt

Ersetzen Sie ...
Mango durch Honigmelone
Minze durch Basilikum

Extra-Toppings
Sesamsamen
Kürbiskerne
Granatapfelkerne

Montagmorgens kaufe ich gern frische Ananas und Mangos, um sie im Laufe der Woche nach und nach aufzubrauchen. Reste lassen sich für einen tropischen Chia-Becher (siehe S. 44) verwenden oder für einen warmen Mango-Quinoa-Salat (siehe S. 76).

Die Ananas schälen und den harten Strunk entfernen. Das Fruchtfleisch in kleine Stücke schneiden und samt dem ausgetretenen Saft in eine Schüssel geben.

Nun die Mango längs an einer Seite des flachen Steins durchschneiden. Die Hälfte ohne Stein nehmen und das Fruchtfleisch kreuzweise einschneiden, sodass ein Schachbrettmuster aus kleinen Würfeln entsteht. Nur so tief schneiden, dass sich die Stücke gut ablösen lassen, nicht durch die Schale schneiden.
Die Fruchtstückchen mit einem Löffel herauslösen und zu der Ananas in die Schüssel geben.

Die Minze waschen, trocken tupfen, fein hacken und mit dem geriebenen Ingwer unter die Früchte mengen. Etwas Limettensaft darüberpressen, den Honig oder Agavensirup hinzufügen und alles vermengen.

Nun noch den Joghurt daraufklecksen und genießen.

Brioche-Toast
mit warmem Beeren-Kirsch-Mix

⏱ **unter 5 Minuten**

¼ Becher Kirschen
¼ Becher Erdbeeren
¼ Becher Himbeeren
1 TL Aceto balsamico
1 TL Zimtpulver, plus Zimtpulver zum Garnieren
1 TL Honig oder Agavensirup
2–3 Scheiben Brioche

Ersetzen Sie ...
Brioche durch Körner- oder Vollkornbrot

Extra-Toppings
1 gehäufter EL Crème fraîche oder Naturjoghurt
ungesüßtes Kakaopulver

Warme Brioche und leuchtend rote Beeren machen dieses süße, sättigende Frühstück zu einem raffinierten Start in den Tag. Dabei könnte es nicht einfacher sein. Sie sollten allerdings unbedingt eine Extrascheibe Brioche zum Auftunken des leckeren Safts reservieren.

Die Kirschen halbieren und entsteinen. Die Erdbeeren waschen, putzen und vierteln. Die Himbeeren verlesen und waschen. Kirschen, Erdbeeren und Himbeeren in einer mikrowellentauglichen Schüssel vermengen.

Den Essig, den Zimt und den Honig oder Agavensirup dazugeben, alles mit einem Löffel verrühren und in der Mikrowelle auf hoher Stufe 45 Sekunden erhitzen.

Inzwischen die Brioche-Scheiben im Toaster toasten.

Die Früchte kontrollieren – sie sollten weich und warm sein, sind sie es nicht, zurück in die Mikrowelle stellen und noch einmal 30 Sekunden erhitzen.

Die Brioche-Toasts auf einen Teller legen. Die warmen Früchte darübergeben, mit etwas Zimt abrunden und warm genießen.

Bananen-Himbeer-Toast

⏱ **unter 5 Minuten**

1–2 Scheiben Körner- oder
 Vollkornbrot
1 große Banane
1 Handvoll Himbeeren
1 TL Honig
ungesüßtes Kakaopulver

Extra-Toppings
gehackte Datteln oder Nüsse
Kokosraspel

Dieses Frühstück erinnert mich an meine Kindheit, ich genehmige es mir häufiger, als ich eigentlich zugeben möchte! Mit Himbeer-Chia-Konfitüre (siehe S. 164) wird es zu einem ganz besonderen Genuss.

Zuerst das Brot in den Toaster stecken. Als Nächstes die Banane schälen, grob in Stücke schneiden und in eine Schüssel geben. Mit einer Gabel behutsam zu einer weichen, streichfähigen Masse zerdrücken. Die Himbeeren verlesen, waschen und in einer weiteren Schüssel oder einem Becher zerdrücken.

Toasts auf einen Teller legen und großzügig mit dem Bananenmus bestreichen. Mit dem Honig beträufeln, zerdrückte Himbeeren darübergeben und mit 1 Prise Kakaopulver bestreuen. Göttlich!

Feigen-Ricotta-Toast

⏱ **unter 5 Minuten**

1–2 Scheiben Körner- oder
 Vollkornbrot
3 EL fettarmer Ricotta
½ EL Honig
Saft und abgeriebene Schale
 von ½ Bio-Zitrone
1 EL gehackte Pistazien
2 Feigen

Extra-Toppings
gehackte Datteln oder Nüsse
Kokosraspel

Ein weiterer Favorit unter meinen Morgenmahlzeiten ist diese köstliche Kombi aus cremigem Ricotta und saftigen Feigen – ein königlicher Käsetoast.

Zuerst das Brot in den Toaster stecken. In einer Schüssel oder einem Becher Ricotta, Honig und Zitronensaft glatt rühren.

In einer weiteren Schüssel oder einem Becher die Pistazien mit einem Löffelrücken behutsam zerstoßen. Die Feigen waschen und längs in dünne Scheiben schneiden.

Die Toasts auf einen Teller legen, mit der Ricottacreme bestreichen und mit den Feigen belegen. Mit Pistazien und abgeriebener Zitronenschale bestreuen.

FRÜHSTÜCK VON FORMAT

Diese Sattmacher zum Frühstück machen Sie fit für den Tag. Sie sind immer noch einfach und schnell zubereitet, doch nahrhaft genug, um den Hunger in Schach zu halten. Ideal nach einem Frühstart oder dem morgendlichen Work-out.

Easy Florentiner Eier

⏱ **etwas über 5 Minuten**

1 Scheibe Körner- oder
  Vollkornbrot
2 große Freiland- oder Bio-Eier
1 Handvoll Blattspinat
1 kleines Stück Butter
Salz und Pfeffer aus der Mühle

Ersetzen Sie ...
Spinat durch Guacamole
  (siehe S. 57)

Auch lecker mit ...
Chiliflocken
gehackten Frühlingszwiebeln
Cocktailtomaten

Sie müssen sich nicht bis zum Wochenende gedulden, um Ihre Dosis pochierte Eier zu bekommen, sie lassen sich auch am Arbeitsplatz leicht realisieren. Ein Becher, kochendes Wasser und eine Mikrowelle sind alles, was Sie brauchen.

Zuerst das Brot in den Toaster stecken.

Zwei Becher bereitstellen (für jedes Ei einen) und zur Hälfte mit kaltem Wasser füllen. Die Eier hineinschlagen und auf den Boden sinken lassen. Die Becher mit einem kleinen Teller oder mit mikrowellentauglicher Frischhaltefolie zudecken, in die Mikrowelle stellen und auf hoher Stufe 60 Sekunden garen. Inzwischen eine Schüssel oder einen großen Becher mit kaltem Wasser bereitstellen.

Die Eier, wenn sie wie gewünscht sind, aus der Mikrowelle nehmen und in das kalte Wasser gleiten lassen, damit sie nicht weitergaren – schließlich soll das Eigelb flüssig und cremig bleiben.

Den Spinat verlesen und waschen, grobe Stiele entfernen. Die Toasts mit Butter bestreichen und mit etwas Spinat belegen – sie werden durch die Wärme der Eier weich. Die pochierten Eier mit einem Löffel aus dem Wasser heben (überschüssiges Wasser vorsichtig ablaufen lassen) und auf den Spinat setzen. Mit Salz und Pfeffer würzen.

Schoko-Orangen-Porridge

⏱ **etwas über 5 Minuten**

½ Becher kernige Haferflocken
1 Becher Milch
abgeriebene Schale von
　1 kleinen Bio-Orange
1–2 TL ungesüßtes
　Kakaopulver
1 Handvoll Himbeeren,
　Erdbeeren und Blaubeeren
1 TL Gojibeeren
1 EL Kürbiskerne

Ersetzen Sie …
Kürbiskerne durch einen
　Körner-Mix oder Chiasamen

Extra-Toppings
einige Stücke Bitterschokolade
Bananenscheiben

Fast schon unanständig, den Tag mit Schokolade zu beginnen, doch wenn sie in Form von Kakao daherkommt, ist es wohl verzeihlich. Aus rohen Kakaobohnen hergestellt, enthält Kakao weder Zuckerraffinade noch Milchprodukte. So reicht schon eine Kleinigkeit für den intensiven Schokoladengeschmack.

Die Haferflocken und die Milch in einer mikrowellentauglichen Schüssel verrühren und in der Mikrowelle auf hoher Stufe 60 Sekunden erhitzen.

Aus der Mikrowelle nehmen und die Orangenschale hinzufügen. Das Kakaopulver unterrühren und weitere 2 Minuten in der Mikrowelle erhitzen.

Falls die Haferflocken die Milch nach 3 Minuten noch immer nicht vollständig aufgenommen haben, weitere 30 bis 60 Sekunden erhitzen. Ist der Porridge zu trocken, noch 1 Schuss Milch unterrühren und 1 Minute quellen lassen.

Die frischen Beeren verlesen, waschen und ggf. putzen. Den Porridge mit den frischen Beeren und den Gojibeeren garnieren, mit den Kürbiskernen bestreuen und servieren.

Avocado-Lachs-Bagel

⏱ **etwas über 5 Minuten**

1 Vollkornbagel
½ Avocado
½ Limette
Salz und Pfeffer aus der Mühle
3–4 Scheiben Räucherlachs
1 TL Crème fraîche oder Naturjoghurt
2 Schnittlauchhalme, in feine Röllchen geschnitten

Ersetzen Sie ...
den Bagel durch 2 Scheiben Körner- oder Vollkornbrot
Lachs durch Parmaschinken
Schnittlauch durch Basilikum
Avocado durch Frischkäse oder Ricotta

Extra-Toppings
Kapern
Chiliflocken

Ein Bagel mit Räucherlachs zum Frühstück ist kaum zu toppen. Räucherlachs wird meist in Scheiben abgepackt angeboten, Reste können Sie später in der Woche für einen Lachslunch mit Brunnenkresse (siehe S. 106) verwerten.

Den Bagel aufschneiden und in den Toaster stecken.

Das Fruchtfleisch der halben Avocado herauslösen und in einer Schüssel mit der Gabel zu einer weichen, streichfähigen Masse zerdrücken. Mit 1 Spritzer Limettensaft, 1 Prise Salz und Pfeffer würzen und gründlich vermengen.

Die Hälfte des Lachses in dünne Streifen schneiden und unter das Avocadopüree ziehen. Anschließend die Crème fraîche oder den Joghurt unterrühren.

Die Bagelhälften aus dem Toaster nehmen und eine Hälfte mit dem Avocadopüree bestreichen. Mit dem restlichen Lachs belegen und mit Schnittlauch garnieren.

Den Bagel mit 1 Spritzer Limettensaft beträufeln und die obere Bagelhälfte auflegen.

Kräuter-Ziegenkäse-Rührei
auf Toast

⏱ **etwa 5 Minuten**

1 Scheibe Körner- oder
  Vollkornbrot
2 große Freiland- oder Bio-Eier
1 kleines Stück Butter
Milch
Salz und Pfeffer aus der Mühle
2 Schnittlauchhalme
einige Basilikumblätter
1 gehäufter EL
  Ziegenweichkäse

Ersetzen Sie …

Basilikum und Schnittlauch
  durch Petersilie, Thymian
  oder gemischte getrocknete
  Kräuter
Ziegenkäse durch Feta
  (Schafskäse)
Körner- oder Vollkornbrot
  durch Sauerteigbrot

Als Eiweißschub sind Eier ein exzellenter Start in den Arbeitstag. Bei diesem Rezept gesellt sich noch Ziegenweichkäse hinzu, ein würziges Extra auf einem Frühstücksklassiker.

Zuerst das Brot in den Toaster stecken.

Als Nächstes die Eier in einer mikrowellentauglichen Schüssel mit der Gabel verschlagen. Die Butter und 1 Schuss Milch dazugeben und mit 1 Prise Salz und Pfeffer würzen. Noch einmal verschlagen, die Schüssel in die Mikrowelle stellen und auf hoher Stufe 45 Sekunden garen.

Inzwischen die Kräuter waschen und trocken tupfen. Den Schnittlauch grob zerrupfen oder in Röllchen schneiden und das Basilikum in kleine Stücke zerpflücken. Beiseitestellen.

Die Schüssel aus der Mikrowelle nehmen und die Eier mit der Gabel durchrühren. Zurück in die Mikrowelle stellen und weitere 30 Sekunden garen. Anschließend sollte das Ei gestockt, aber nicht trocken sein. Ist es noch etwas zu flüssig, die Garzeit schrittweise um je 15 Sekunden verlängern.

Wenn das Rührei wie gewünscht ist, den Ziegenfrischkäse unterziehen. Die Hälfte der Kräuter untermengen und das Rührei auf den warmen Toast häufen. Mit Salz und Pfeffer würzen und mit den restlichen Kräutern garnieren.

Tropischer Chia-Becher

⏱ **etwas über 5 Minuten (plus über Nacht kühl stellen)**

¼ Becher Chiasamen
¼ kleine Ananas
¼ reife Mango
½ Becher Kokosmilch
1 TL Honig oder Agavensirup
Kokoschips

Ersetzen Sie ...
Mango und Ananas durch Himbeeren und Erdbeeren, Granatapfel und Orange oder durch Blaubeeren und Pfirsich
Kokosmilch durch Mandeldrink
Kokoschips durch einen Körner-Mix

Das nenne ich mühelos frühstücken. Sie können den Becher schnell in der Mittagspause oder kurz vor Feierabend zubereiten und am nächsten Morgen steht er fix und fertig bereit.

Am Vortag die Chiasamen in ein Schraubglas oder einen Becher streuen.

Mit einem scharfen Messer ein dickes Stück von der Ananas abschneiden und schälen. Das Fruchtfleisch rundum vom harten Strunk trennen, in kleine Stücke schneiden und samt dem ausgetretenen Saft in das Glas mit den Chiasamen geben.

Von der Mango ein kleines Stück abschneiden und das Fruchtfleisch kreuzweise einritzen, sodass ein Schachbrettmuster entsteht. Nur so tief schneiden, dass sich die Würfel ablösen lassen, jedoch nicht durch die Schale schneiden. Die Mangostückchen mit einem Löffel herauslösen und zu der Ananas ins Glas geben.

Die Kokosmilch und den Honig oder Agavensirup hinzufügen, mit dem Deckel oder Frischhaltefolie fest verschließen und kräftig schütteln, bis alles gleichmäßig vermengt ist. Über Nacht in den Kühlschrank stellen.

Am nächsten Morgen den tropischen Chia-Becher in einer Schale anrichten, mit knusprigen Kokoschips garnieren und genießen.

Fruchtige Overnight Oats
mit Beeren und Granatapfelkernen

⏱ **unter 5 Minuten
(plus über Nacht kühl
stellen)**

½ Becher kernige Haferflocken
½ TL Zimtpulver
1 Handvoll Erdbeeren
1 Handvoll Himbeeren
1 Becher Mandeldrink
1 TL Honig oder Agavensirup
1 EL Granatapfelkerne

Ersetzen Sie …
Himbeeren und Erdbeeren
   durch Nektarinen, Pfirsiche,
   Blaubeeren oder Brombeeren
Mandeldrink durch
   Kokosmilch
Honig oder Agavensirup durch
   Ahornsirup

Auch lecker mit …
Kakaonibs
gehackten Mandeln oder
   Pekannüssen

Dies ist einer meiner Allzeitfavoriten auf dem Frühstückstisch – lecker, sättigend und äußerst wandlungsfähig. Hier fiel die Wahl auf rote Beeren, doch kommt jede andere saftige Frucht ebenso infrage. Der Mandeldrink verleiht den Haferflocken einen wunderbar cremigen Schmelz.

Am Vortag die Haferflocken in einem Schraubglas oder einem Becher mit dem Zimt bestreuen und durchmischen.

Die Erdbeeren putzen, waschen und vierteln. Die Himbeeren verlesen, waschen und trocken tupfen. Erdbeeren und Himbeeren in einer Schüssel vermengen und behutsam mit der Gabel zerdrücken (ein paar Beeren für die Garnitur beiseitelegen). Die Mischung samt Saft zu den Haferflocken ins Glas geben, den Mandeldrink dazugießen und den Honig oder den Agavensirup einträufeln.

Das Glas oder den Becher mit einem Deckel oder Frischhaltefolie fest verschließen und kurz kräftig schütteln.

Die Mischung über Nacht im Kühlschrank durchziehen lassen.

Am nächsten Morgen die Haferflocken und Früchte in einer Schale anrichten, mit Granatapfelkernen und den verbliebenen Beeren garnieren und kalt genießen.

Noch schnell ein Tipp: Wenn Sie frischen Granatapfel verwenden statt bereits ausgelöste abgepackte Kerne, die Frucht zunächst auf einer festen Unterlage mit etwas Druck hin und her rollen, um die Kerne zu lockern. Anschließend ein Stück abschneiden und das Fruchtfleisch nach außen stülpen, sodass die Kerne herausfallen.

Power-Bircher-Müsli

⏱ **unter 5 Minuten (plus über Nacht kühl stellen)**

½ Becher kernige Haferflocken
½ Becher frisch gepresster Orangensaft
1 TL getrocknete Aprikosen, gehackt
1 TL getrocknete Cranberrys
1 Schuss Mandeldrink
1 EL Naturjoghurt
1 EL Blaubeeren
½ Apfel
1 EL Mandeln

Ersetzen Sie ...

Orangensaft durch Apfelsaft
Naturjoghurt durch Kokosjoghurt
Blaubeeren durch Birnenscheiben
Mandeln durch Pistazien oder Haselnusskerne

Auch lecker mit ...

1 TL Ahornsirup oder Honig
Gojibeeren

Jeder Supermarkt und jeder Sandwichladen bietet eine eigene Version des Bircher Müslis, doch billig sind sie nicht. Dabei bereitet es kaum mehr Mühe, es selbst zu machen, als es auf dem Weg zur Arbeit zu kaufen. Außerdem kostet es weniger und ist nicht so zuckerlastig.

Am Vortag die Haferflocken in einem Schraubglas oder einem Becher mit dem Orangensaft übergießen und umrühren.

Die getrockneten Aprikosen mit den Cranberrys zu den Flocken ins Glas oder in den Becher geben. Mit dem Deckel oder mit Frischhaltefolie sorgfältig verschließen und über Nacht in den Kühlschrank stellen.

Am nächsten Morgen die Mischung in eine Schale umfüllen, Mandeldrink unterrühren (sie sollte die Konsistenz von Porridge haben) und den Joghurt daraufgeben.

Die Blaubeeren verlesen, waschen und trocken tupfen. Den halben Apfel in das Müsli reiben und einige Blaubeeren und Mandeln darüber verteilen. Allemal besser als ein Fertigmüsli zum Mitnehmen.

Noch schnell ein Tipp: Die andere Apfelhälfte mit etwas Zitronensaft beträufeln, damit sie nicht braun wird, und bis zur Verwendung im Kühlschrank aufbewahren.

Buchweizen-Bananen-Müsli

⏱ **etwas über 5 Minuten (plus über Nacht kühlen und einweichen)**

½ Becher Buchweizen
1 Banane
2 gehäufte EL Chiasamen
⅓ Becher Mandeldrink
2 EL Ahornsirup
1 TL Zimtpulver

Ersetzen Sie ...
Mandeldrink durch Kokosmilch
Ahornsirup durch Honig oder Agavensirup

Extra-Toppings
Pekannusskerne
Blaubeeren

Nicht vom Namen irritieren lassen, Buchweizen ist eine glutenfreie Samenfrucht und eine fabelhafte Alternative zu Haferflocken. Reich an Nähr- und Ballaststoffen hält er Hungerattacken in Schach und hilft bei regelmäßigem Genuss, den Cholesterinspiegel zu senken. Ein wahres Superfood.

Am Vortag den Buchweizen in einem Sieb unter kaltem Wasser gründlich abspülen, um Stärkereste zu entfernen. In ein Schraubglas oder einen Becher füllen und mit kaltem Wasser aufgießen. Mit dem Deckel oder mit Frischhaltefolie sorgfältig verschließen und beiseitestellen.

Die Banane schälen, in Stücke schneiden und in einem weiteren Glas oder Becher mit den Chiasamen und dem Mandeldrink vermengen. Verschließen.

Beides über Nacht im Kühlschrank durchziehen lassen.

Am nächsten Morgen die Gläser oder Becher aus dem Kühlschrank nehmen. Den Buchweizen in ein Sieb geben und erneut kalt abspülen – eventuell eine etwas kleistrige Angelegenheit, also gründlich waschen, bis das Wasser klar bleibt.

Den Buchweizen in einer Schale mit dem Ahornsirup verrühren. Die Bananen-Chia-Mischung aus dem anderen Glas darübergeben, mit Zimt bestreuen und alles kurz durchrühren.

Naschkatzen dürfen noch ein wenig Extrasirup darüberträufeln!

STÄRKENDE SNACKS

Wenn der Magen mal wieder knurrend durchhängt, gönnen Sie sich einfach eine dieser gesunden Energiespritzen. Auch als leichter Lunch sind sie nicht zu verachten, falls Sie für das Abendessen etwas Größeres geplant haben.

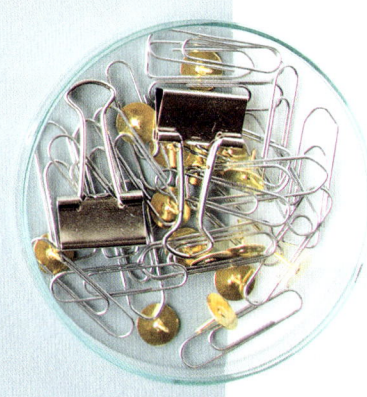

Rote-Bete-Joghurt-Salat

⏱ **etwas über 5 Minuten**

2–3 große Rote Beten
(vorgegart und vakuumiert)
1 Vollkorn-Pitabrot
1 gehäufter EL Naturjoghurt
½ Knoblauchzehe, gerieben
1 TL Olivenöl
1 TL Rotweinessig
1 Spritzer Zitronensaft
Salz und Pfeffer aus der Mühle
einige Minzeblätter
1 Handvoll Rucola

Ersetzen Sie ...
Minze durch Dill
Rucola durch Blattspinat

Auch lecker mit ...
Frühlingszwiebeln
Ziegenweichkäse

Saftige Rote Beten in einem zitrusfrischen Joghurt: ein farbenfroher, schmackhafter Snack oder Beilagensalat zu pochiertem Hähnchen (siehe S. 22). Dazu passt getoastetes Vollkorn-Pitabrot – perfekt zum Dippen in das umwerfend violette Joghurtdressing.

Zuerst die Roten Beten waschen, um überschüssigen Saft zu entfernen (gegart werden sie oft im eigenen Saft verpackt angeboten). Vorsicht beim Öffnen der Packung, auf einem blütenweißen Hemd kommt Rote-Bete-Saft nicht so gut! Die Roten Beten in Würfel schneiden und beiseitelegen.

Das Pitabrot in den Toaster stecken.

Den Joghurt in eine Schüssel geben. Nacheinander Knoblauch, Olivenöl, Essig und Zitronensaft dazugeben und sorgfältig untermengen, damit der Joghurt nicht gerinnt. Mit 1 Prise Salz und Pfeffer würzen und erneut durchmischen.

Die gewürfelten Roten Beten hinzufügen und mit dem Löffel unterziehen, bis sie rundum mit dem Dressing bedeckt sind.

Die Minze waschen, trocken tupfen, hacken und untermischen. Den Rucola verlesen, waschen und trocken schütteln, grobe Stiele entfernen und unterheben.

Das getoastete Pitabrot in Stücke schneiden und servieren.

Guacamole
mit knackigem Rohkostgemüse

⏱ **etwas über 5 Minuten**

1 Avocado
Saft von ¼ Limette
½ kleine rote Chilischote,
 in Ringe geschnitten
Meersalz und Pfeffer
 aus der Mühle
1 Vollkorn-Pitabrot
3–4 Cocktailtomaten
1 große Möhre
⅓ Salatgurke
1 kleine Paprikaschote

Ersetzen Sie ...
Pitabrot durch Tortillachips
Möhre und Gurke durch
 Blumenkohlröschen

Auch lecker mit ...
Feta (Schafskäse)
einigen Blättchen
 Koriandergrün

Guacamole selbst zu machen, geht ganz einfach, und sie schmeckt zigmal besser als die fertige Supermarktware aus dem Becher (die meist mit Wasser und Konservierungsstoffen vollgepumpt ist). Und dazu ist sie noch eines unserer „Fünf am Tag" (mindestens!) – wie praktisch.

Die Avocado halbieren und den Stein entfernen. Das Fruchtfleisch herauslösen und in einer Schüssel mit dem Gabelrücken zu einer weichen, streichfähigen Masse zerdrücken. Limettensaft, einige Chiliringe und je 1 Prise Salz und Pfeffer dazugeben und alles sorgfältig vermengen.

Das Pitabrot in den Toaster stecken.

Die Tomaten waschen, vierteln, von den wässrigen Kernen befreien und sorgfältig unter die Guacamole ziehen. Beiseitestellen.

Die Möhre putzen, waschen oder schälen, quer halbieren und dann längs in Stifte schneiden. Die Gurke waschen und ebenso zuschneiden.

Die Paprikaschote halbieren, entkernen, waschen und längs in schmale Streifen schneiden.

Das getoastete Pitabrot in Spalten schneiden.

Die Guacamole mit den restlichen Chiliringen garnieren, mit etwas Salz und Pfeffer würzen und nach Belieben mit 1 Bio-Limettenspalte zum Auspressen servieren.

Tomaten-Basilikum-Bruschetta
mit Olivenöl-Chili-Dressing

⏱ etwa 5 Minuten

2–3 große Rispentomaten
¼ rote Chilischote
¼ rote Zwiebel
2 EL Olivenöl
1 EL Rotweinessig
Saft und abgeriebene Schale von ¼ Bio-Zitrone
1 Ciabatta-Brötchen oder 2 Scheiben Steinofenbrot
1 Knoblauchzehe, geschält
einige Basilikumblätter
Meersalz und Pfeffer aus der Mühle

Auch lecker mit ...
Büffelmozzarella
Parmesan

Egal was drauf ist, Toast geht immer, doch dieser Snack ist ganz besonders ansprechend, zumal im Sommer, wenn Tomaten saftig und aromatisch sind und das Basilikum in voller Pracht steht. Diese Bruschettas bringen einen Hauch von Italien ins Büro.

Die Tomaten waschen und in kleine Stücke schneiden, dabei die Stielansätze entfernen. Chili in Ringe schneiden. Zwiebel schälen und in feine Würfel schneiden. Tomaten in einer Schüssel mit der Chili und der Zwiebel vermengen. Das Olivenöl, den Essig und 1 Spritzer Zitronensaft hinzufügen, alles vermischen und etwas durchziehen lassen.

Das aufgeschnittene Brötchen oder das Brot im Toaster goldbraun toasten und noch heiß auf einer Hälfte bzw. einer Seite mit dem Knoblauch einreiben – nur nicht zu zaghaft, Sie dürfen ruhig ein bisschen grob zu Werke gehen.

Basilikum waschen, trocken tupfen, zerpflücken und unter die Tomaten mengen. Die Mischung auf den Knoblauchtoast geben, mit 1 Prise Salz und Pfeffer würzen und mit abgeriebener Zitronenschale abrunden.

Noch schnell ein Tipp: Wenn Sie mit Knoblauch hantieren, waschen Sie die Hände anschließend mit kaltem Wasser und Seife, nicht mit heißem Wasser, das den Knoblauchgeruch eher fixiert als entfernt. Ein bisschen Zitronensaft hilft auch.

Fruchtige Schinken-Schnittchen
mit Frischkäse

⏱ unter 5 Minuten

2 Scheiben Sauerteigbrot
1 Handvoll Erdbeeren
1 TL Olivenöl
1 TL Aceto balsamico
Pfeffer aus der Mühle
1–2 EL Ziegenweichkäse
3–4 Scheiben Parmaschinken
einige Basilikumblätter
Salz

Ersetzen Sie ...
Ziegenkäse durch körnigen Frischkäse

Auch lecker mit ...
1 Handvoll Rucola

Erdbeeren und Aceto balsamico sind eine göttliche Kombination, vor allem auf cremigem Ziegenkäse und Parmaschinken gebettet. Verbliebene Früchte sind aussichtsreiche Kandidaten für die Overnight Oats mit Beeren (siehe S. 47) und Reste von Parmaschinken lassen sich für einen Tomaten-Mozzarella-Salat verwenden (siehe S. 74).

Das Brot in den Toaster stecken.

Die Erdbeeren waschen, putzen, längs halbieren und in eine Schüssel geben. Das Olivenöl und den Essig dazugeben, mit etwas Pfeffer würzen und alles vermengen.

Das getoastete Brot mit dem Ziegenkäse bestreichen, mit Parmaschinken belegen und die Erdbeeren in Aceto balsamico darauf verteilen.

Basilikum waschen und trocken tupfen. Die Schnittchen mit etwas Salz und Pfeffer würzen, mit ein paar Basilikumblättern dekorieren und servieren.

Erbsenpesto-Chorizo-Crostini

⏱ **unter 10 Minuten**

½ Becher grüne Erbsen
1 Ciabatta-Brötchen oder
  2 Scheiben Steinofenbrot
1 EL Olivenöl
Meersalz und Pfeffer
  aus der Mühle
½ Avocado
einige Basilikumblätter
einige Minzeblätter
1 gehäufter TL geriebener
  Parmesan
2 Radieschen
1 Knoblauchzehe, geschält
3–4 Scheiben Chorizo
  (span. Paprikawurst)

Ersetzen Sie …
Chorizo durch rohen Schinken

Auch lecker mit …
Feta (Schafskäse)

Frische grüne Erbsen werden in der Saison oft in kleinen Paketen angeboten. Wer allerdings ein geräumiges Tiefkühlfach am Arbeitsplatz hat, sollte es gleich mit einem großen Beutel TK-Erbsen bestücken – dieses Erbsenpesto schmeckt nämlich nach mehr.

Die Erbsen in einer Schüssel mit kochendem Wasser aus dem Wasserkocher überbrühen und gar ziehen lassen. Das dauert bei frischen Erbsen etwa 3 Minuten, bei Tiefkühlerbsen 2 Minuten.

Das aufgeschnittene Brötchen oder das Brot toasten.

Die Erbsen abgießen, das Olivenöl dazugeben, mit Salz und Pfeffer würzen und mit dem Gabelrücken sanft zerdrücken. Das Fruchtfleisch der halben Avocado in die Schüssel geben und ebenfalls zerdrücken, bis eine weiche, streichfähige Masse entstanden ist.

Basilikum und Minze waschen, trocken tupfen, zerzupfen und in die Schüssel geben, den Parmesan hineinstreuen, alles vermengen. Sie können noch mehr Käse hineingeben, wenn Sie wollen.

Die Radieschen putzen, waschen und in Scheiben schneiden.

Das getoastete Brötchen oder Brot auf einer Seite mit dem Knoblauch einreiben und großzügig mit dem Erbsenpesto bestreichen. Mit den Chorizoscheiben und den Radieschen belegen und servieren.

Noch schnell ein Tipp: Waschen Sie die Hände nach dem Einreiben mit Knoblauch mit kaltem Wasser und Seife, nicht mit heißem Wasser, das den Knoblauchgeruch eher fixiert als entfernt. Ein bisschen Zitronensaft kann auch nicht schaden.

Warme Balsamico-Tomaten
mit rohem Schinken auf Sauerteigtoast

⏱ **etwa 5 Minuten**

1 große Handvoll Cocktailtomaten
½ Knoblauchzehe, gerieben
1 EL Aceto balsamico
1 EL Olivenöl
Salz und Pfeffer aus der Mühle
2 Scheiben Sauerteigbrot
einige Basilikumblätter
1 Handvoll Rucola
4 Scheiben roher Schinken

Ersetzen Sie …
rohen Schinken durch Parmaschinken
Rucola durch Brunnenkresse

In Aceto balsamico geschmorte Cocktailtomaten sind bei mir im Sommer ein Dauerbrenner, sie gelingen sogar in der Mikrowelle im Büro. Den köstlichen warmen Saft tunken Sie am besten mit ein paar Scheiben Sauerteigtoast auf.

Die Tomaten waschen, halbieren und in eine mikrowellentaugliche Schüssel geben.

Den Knoblauch, den Essig und das Olivenöl dazugeben, mit Salz und Pfeffer würzen und alles vermengen.

Die Schüssel in die Mikrowelle stellen und die Tomaten auf hoher Stufe 60 Sekunden garen. Inzwischen das Sauerteigbrot toasten.

Die Schüssel herausnehmen, die Tomaten sollten jetzt weich und heiß sein. Sind sie es nicht, weitere 15 bis 30 Sekunden erhitzen.

Das Basilikum waschen, trocken tupfen, klein zupfen und untermischen.

Den Rucola verlesen, waschen und trocken schütteln, grobe Stiele entfernen. Rucola auf den Toast häufen und mit Schinkenscheiben belegen. Die Tomaten daraufsetzen, mit dem köstlichen Saft aus der Schüssel beträufeln und genießen.

Hähnchen-Satay-Spieße

⏱ unter 10 Minuten

1 Hähnchenbrustfilet
 (Freiland oder Bio)
Salz und Pfeffer aus der Mühle
Saft von ½ Zitrone
⅓ Salatgurke
¼ rote Zwiebel
1 TL Olivenöl
1 TL Rotweinessig
1 Handvoll Eisbergsalat

Für die Satay-Sauce
1 EL Erdnussbutter
1 EL Limettensaft
1 EL Sojasauce
1 haselnussgroßes Stück
 Ingwer
einige Korianderblätter

Auf den ersten Blick scheint dieses Gericht zu komplex, um es schnell mal im Büro auf den Schreibtisch zu zaubern, doch es ist erstaunlich simpel. Hähnchenbrust lässt sich in der Mikrowelle perfekt pochieren und ein Glas Erdnussbutter sorgt ruck, zuck für die Basis einer Satay-Sauce. Verwenden Sie Hähnchenreste für eine Burrito-Bowl (siehe S. 96) oder einen Bohnen-Bulgur-Salat (siehe S. 88).

Die Hähnchenbrust waschen, in eine mikrowellentaugliche Schüssel legen und mit Wasser bedecken. Mit 1 Prise Salz und Pfeffer und 1 Spritzer Zitronensaft würzen, mit einem Teller oder mikrowellentauglicher Frischhaltefolie zudecken und in der Mikrowelle auf hoher Stufe 3 Minuten garen.

Inzwischen die Satay-Sauce vorbereiten. Die Erdnussbutter, 1 TL Wasser, den Limettensaft und die Sojasauce verrühren und den geschälten Ingwer hineinreiben. Gut umrühren. Koriander waschen, trocken tupfen, klein zupfen und in die Sauce geben.

Als Nächstes den Salat zubereiten. Die Gurke waschen, ein Drittel der Gurke längs halbieren und die Kerne mit einem Löffel entfernen. Das Fruchtfleisch in Scheiben schneiden und in eine Schüssel geben. Das Zwiebelviertel schälen, in feine Würfel schneiden, dazugeben und alles mit dem Olivenöl, Essig und 1 Spritzer Zitronensaft beträufeln. Den Salat waschen und trocken schütteln. In mundgerechte Stücke zupfen und unter den Salat heben.

Das Hähnchen aus der Mikrowelle nehmen – vorsichtig, die Schüssel ist sehr heiß – und prüfen, ob das Fleisch gar ist. Dazu das Filet mit Messer und Gabel in der Mitte behutsam zerteilen, es sollte nicht mehr rosa sein. Ist es noch nicht ganz durch, weitere 30 Sekunden garen.

Das Hähnchen, wenn es gar ist, in Würfel schneiden und auf Holzspieße stecken (gibt's in jedem Supermarkt). Samt Salat auf einem Teller anrichten und mit der Satay-Sauce servieren.

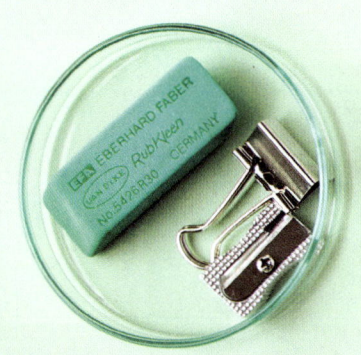

LEICHTES ZUM LUNCH

Für eine sündenfreie Mittagsmahlzeit ohne Kompromisse beim Geschmack probieren Sie eines der folgenden Leichtgewichte aus der Welt des Lunchens.

Grüne Quinoa-Bowl
mit Feta

⏱ **etwa 10 Minuten**

½ Becher Quinoa
½ Gemüsebrühwürfel
Salz und Pfeffer aus der Mühle
2 Schnittlauchhalme
einige Basilikumblätter
einige Petersilienblätter
1½ EL Olivenöl
2 EL Erbsen
2 EL dicke Bohnen
½ kleine Zucchini
1 gehäufter EL Feta
   (Schafskäse), zerbröselt

Ersetzen Sie …

Schnittlauch, Basilikum und Petersilie durch Koriandergrün, Thymian oder eine andere Kräutermischung
Zucchini durch Avocado
Feta durch körnigen Frischkäse

Auch lecker mit …

gemischten Nüssen

Die glutenfreie Quinoa ist eine großartige Alternative zu Getreide wie Reis und Gerste. Man sollte sie kühl und trocken lagern und unbedingt auch mal in einem Mango-Quinoa-Salat probieren (siehe S. 76).

Den Wasserkocher füllen und einschalten. Die Quinoa in einem Sieb unter kaltem Wasser abbrausen und anschließend in eine mikrowellentaugliche Schüssel geben. Den halben Brühwürfel in einem Becher mit der Gabel zerdrücken, mit heißem Wasser auffüllen und auflösen. Die Brühe über die Quinoa gießen und mit Salz und Pfeffer würzen. Mit einem Teller zudecken und in der Mikrowelle auf hoher Stufe 6 Minuten garen.

Inzwischen die Kräuter waschen, trocken tupfen, zerrupfen oder hacken und in einem Becher mit dem Olivenöl verrühren.

Nach der Quinoa schauen. Sie sollte jetzt mehr als die Hälfte der Flüssigkeit aufgenommen haben und die Körner sollten teilweise aufgeplatzt sein. Kurz umrühren, zurück in die Mikrowelle stellen und noch einmal 2 Minuten garen.

Als Nächstes die Erbsen und die Bohnen in einer Schüssel mit 2 Bechern kochendem Wasser übergießen, mit einem Teller zudecken und 3 Minuten ziehen lassen. Wer das Gemüse lieber bissfest mag, lässt es nur 2 Minuten ziehen.

Die Zucchini putzen, waschen und in kleine Würfel schneiden. Die Quinoa aus der Mikrowelle nehmen und kontrollieren, ob sie weich und fluffig ist; ggf. noch 1 Schuss kochendes Wasser dazugeben und weitere 60 Sekunden garen. Sobald sie gar ist, das Kräuteröl unterrühren.

Die Erbsen und Bohnen in ein Sieb abgießen und mit den Zucchiniwürfeln auf der Quinoa verteilen. Feta darübergeben, mit 1 Prise Salz und Pfeffer würzen und servieren.

Zitronen-Zucchininudeln
mit Ziegenkäse und Tomaten

⏱ etwas über 5 Minuten

½ kleine Knoblauchzehe,
    gerieben
1 Spritzer Zitronensaft
1 TL Olivenöl
Salz und Pfeffer aus der Mühle
1 große Zucchini
¼ TL Chiliflocken
1 Handvoll Cocktailtomaten
1 gehäufter EL
    Ziegenweichkäse

Ersetzen Sie …
Ziegenkäse durch Feta
    (Schafskäse)
Cocktailtomaten durch
    getrocknete Tomaten

Auch lecker mit …
gegarten Riesengarnelen
rohem Schinken
einigen Scheiben knuspriger
    Ciabatta

Diese dünnen Zucchinibänder sind eine kerngesunde Alternative zu Pasta – und mit einer kleinen Dusche Zitronensaft und cremigem Ziegenkäse liefern sie einen Vorgeschmack auf den Sommer. Mit ein paar gegarten Garnelen oder pochierter Hähnchenbrust lässt sich dieser Lunch sogar noch ausbauen.

In einem Becher den geriebenen Knoblauch mit Zitronensaft und dem Olivenöl verrühren, mit 1 Prise Salz und Pfeffer würzen und beiseitestellen.

Die Zucchini putzen, waschen und nach Belieben mit dem Sparschäler rundum längs die Schale abschälen und wegwerfen. Die Zucchini mit dem Sparschäler in lange Bänder schneiden, bis Sie etwa die Mitte erreicht haben. Anschließend umdrehen und von der anderen Seite in lange Bänder schneiden.

Die Zucchinibänder in einer Schüssel mit Zitronen-Knoblauch-Dressing übergießen und mit den Chiliflocken bestreuen.

Die Tomaten waschen, halbieren und in die Schüssel geben. Einen Teller darauflegen und die Schüssel kurz schwenken, um alles gleichmäßig zu vermengen.

Zuletzt den Ziegenkäse in den Salat bröckeln, mit 1 Prise Salz und Pfeffer würzen.

Tomaten-Mozzarella-Salat
mit Parmaschinken

⏱ etwas über 5 Minuten

1 große Handvoll
  Cocktailtomaten oder
  3 große Tomaten
⅓ Kugel Mozzarella
2–3 Scheiben Parmaschinken
einige Scheiben knusprige
  Oliven-Ciabatta

Für die Vinaigrette
einige Basilikumblätter
2 EL Olivenöl
1 EL Rotweinessig
1 Spritzer Zitronensaft
Salz und Pfeffer aus der Mühle

Ersetzen Sie ...
Parmaschinken durch rohen
  Schinken
Ciabatta durch Sauerteigbrot

Meine Version des mediterranen Klassikers sorgt mit Parmaschinken für einen mittäglichen Eiweißschub. Dazu gibt's Oliven-Ciabatta, damit kein Tropfen der köstlichen Basilikum-Vinaigrette auf der Strecke bleibt.

Für die Vinaigrette das Basilikum waschen, trocken tupfen und fein hacken (ein paar Blätter für die Garnitur beiseitelegen). Basilikum in ein verschließbares Glas geben (ersatzweise einen Becher nehmen und mit Frischhaltefolie verschließen). Öl, Essig und Zitronensaft hinzufügen und mit 1 Prise Salz und Pfeffer würzen. Mit dem Deckel (oder Frischhaltefolie) fest verschließen und kräftig schütteln, bis sich die Zutaten gleichmäßig verteilt haben. Beiseitestellen.

Die Tomaten waschen, halbieren (größere Tomaten in mundgerechte Stücke schneiden, dabei die Stielansätze entfernen) und in eine Schüssel geben.

Den Mozzarella mit der Hand in Stücke zupfen und unter die Tomaten mengen. (Wer süchtig ist, darf auch mehr nehmen.)

Den Parmaschinken längs halbieren und in der Schüssel lose um den Mozzarella drapieren.

Den Salat mit der Vinaigrette übergießen und das restliche Basilikum darüber verteilen. Die Oliven-Ciabatta dazu genießen (wer möchte, kann die Scheiben natürlich toasten).

Warmer Mango-Quinoa-Salat
mit Avocado

⏱ etwa 10 Minuten

½ Becher Quinoa
½ Gemüsebrühwürfel
Salz und Pfeffer aus der Mühle
½ Avocado
½ Mango
einige Korianderblätter
Saft von ½ Limette
1 EL Olivenöl
1 Handvoll Cocktailtomaten, geviertelt
1 gehäufter TL Ziegenweichkäse

Ersetzen Sie …
Quinoa durch Couscous
Mango durch Salatgurke
Koriandergrün durch Petersilie
Ziegenkäse durch Feta (Schafskäse)

Dieser Salat ist unter der Woche eine feste Größe, weil er die Mango- und Avocadohälften gebrauchen kann, die ich eventuell von einer sonnigen Frühstücks-Salsa (siehe S. 28) oder der Guacamole (siehe S. 57) übrig habe.

Zuerst den Wasserkocher füllen und einschalten. Die Quinoa in einem Sieb unter kaltem Wasser abbrausen und anschließend in eine mikrowellentaugliche Schüssel geben. Den halben Brühwürfel in einem Becher mit der Gabel zerdrücken, mit heißem Wasser auffüllen und auflösen. Die Brühe über die Quinoa gießen und mit Salz und Pfeffer würzen. Mit einem Teller zudecken und in der Mikrowelle auf hoher Stufe 6 Minuten garen.

Das Fruchtfleisch der halben Avocado kreuzweise einschneiden, sodass ein Schachbrettmuster aus kleinen Würfeln entsteht. Nur so tief schneiden, dass sich die Stücke herauslösen lassen, nicht durch die Schale schneiden. Die Würfel mit einem Löffel herauslösen und in eine Schüssel geben. Nun die halbe Mango ebenfalls wie beschrieben einschneiden. Die Fruchtwürfel ebenso ablösen und mit den Tomaten unter die Avocado mengen.

Nach der Quinoa schauen. Sie sollte jetzt mehr als die Hälfte der Flüssigkeit aufgenommen haben und die Körner sollten teilweise aufgeplatzt sein. Kurz umrühren, zurück in die Mikrowelle stellen und weitere 2 Minuten garen.

Sobald die Quinoa gar ist, das Koriandergrün waschen, trocken tupfen, hacken und mit dem Limettensaft, dem Olivenöl sowie Avocado, Mango und Tomaten untermischen.

Den Ziegenkäse auf dem Salat zerkrümeln und vor dem Servieren mit 1 Prise Salz und Pfeffer würzen. Nach Belieben mit 1 Bio-Limettenspalte zum Auspressen servieren.

Bulgur-Kichererbsen-Taboulé
mit Granatapfelkernen

⏱ **etwa 10 Minuten**

¼ Becher Bulgur
½ Gemüsebrühwürfel
Salz und Pfeffer aus der Mühle
1 großes Bund Petersilie
1 großes Bund Minze
1 Handvoll Cocktailtomaten, geviertelt
2 EL Kichererbsen (aus der Dose)
Zitronensaft
1 EL Olivenöl
2 EL Granatapfelkerne
1 EL Naturjoghurt

Ersetzen Sie …

Naturjoghurt durch griechischen Joghurt

Auch lecker mit …

einigen Falafel-Bällchen, falls der Hunger groß ist
Salatgurke
1 Klecks Hummus (Fertigprodukt)
getoastetem Pitabrot

Kichererbsen aus der Dose lassen sich nach dem Anbruch bis zu zwei Wochen im Kühlschrank aufbewahren. Reste können Sie für einen Tomaten-Paprika-Bulgursalat (siehe S. 109) verwerten. Falls Sie am Arbeitsplatz eine Tiefkühlmöglichkeit haben, frieren Sie frische Kräuter für später ein. Zum Auftauen hält man sie nur kurz unter warmes Wasser.

Zuerst den Wasserkocher füllen und einschalten. Den Bulgur in einem Sieb unter kaltem Wasser abbrausen, um Reste von Stärke zu entfernen; in eine mikrowellentaugliche Schüssel geben. Den halben Brühwürfel in einem Becher mit der Gabel zerdrücken, mit kochendem Wasser auffüllen und unter Rühren auflösen. Die Brühe über den Bulgur gießen und mit 1 Prise Salz und Pfeffer würzen. Mit einem Teller zudecken und in der Mikrowelle auf hoher Stufe 4 Minuten garen.

Die Petersilie und die Minze waschen, trocken schütteln, die Blätter abzupfen, hacken und mit den Tomaten in eine Schüssel geben.

Den Bulgur aus der Mikrowelle nehmen, kurz durchrühren, um ihn aufzulockern, und einige Minuten beiseitestellen.

Die Kichererbsen in ein Sieb abgießen und unter kaltem Wasser abbrausen. 2 gehäufte EL Kichererbsen abnehmen und unter die Tomaten und Kräuter mengen. Den Rest in einer Frischhaltebox im Kühlschrank aufbewahren.

Etwas Zitronensaft in den Salat geben, das Olivenöl dazugeben und mit Salz und Pfeffer würzen.

Den Bulgur gut abtropfen lassen und sorgfältig unter den Salat mengen. Mit Granatapfelkernen und Joghurt garnieren und servieren.

Thunfisch-Bohnen-Salat
mit Zitronendressing

etwas über 5 Minuten

3–4 Tomaten (verschiedene Sorten sorgen für Extrageschmack)
⅓ rote Zwiebel
3 EL gegarte weiße Bohnen (aus der Dose)
Saft von ½ Zitrone
1 TL getrockneter Oregano
1 EL Olivenöl
1 EL Rotweinessig
1 Dose Thunfisch im eigenen Saft (aus nachhaltigem Fang)

Ersetzen Sie ...
weiße Bohnen durch einen Bohnen-Mix (aus der Dose)

Auch lecker mit ...
einigen Basilikumblättern
1 Scheibe knuspriger Ciabatta

Vergessen Sie diese matschigen Sandwiches – Thunfisch lässt sich auf viel originellere und schmackhaftere Weise verarbeiten. Aber aus delfinfreundlichem Fang bitte schön!

Die Tomaten waschen, in Stücke schneiden, dabei ggf. die Stielansätze entfernen, und in eine Schüssel geben. Das Zwiebeldrittel schälen, längs in Streifen schneiden und unter die Tomaten mischen.

Die weißen Bohnen aus der Dose in ein Sieb abgießen und unter kaltem Wasser abbrausen. 3 gehäufte EL abnehmen und unter Tomaten und Zwiebel mengen. Den Rest in einer Frischhaltebox im Kühlschrank aufbewahren und zum Beispiel für das Hähnchenbrustfilet auf Bohnen-Bulgur-Salat (siehe S. 88) verwenden.

Den Salat mit 1 Spritzer Zitronensaft, dem Oregano, dem Olivenöl und dem Essig würzen und mischen.

Die Thunfischdose öffnen und die Flüssigkeit abgießen. Den Thunfisch auf dem Salat verteilen, mit weiterem Zitronensaft beträufeln und mit 1 Prise Salz und Pfeffer würzen.

Feigen-Ziegenkäse-Salat

⏱ unter 5 Minuten

2–3 reife Feigen
1 TL Honig
1 große Handvoll gemischte Blattsalate
3–4 Scheiben roher Schinken
1 EL Granatapfelkerne
1 gehäufter EL Ziegenweichkäse

Für das Dressing
2 TL Aceto balsamico
1 TL Olivenöl
1 TL Honig
Salz und Pfeffer aus der Mühle

Auch lecker mit ...
Feldsalat oder Brunnenkresse für Extrageschmack
gehackten Walnüssen
Birnenscheiben
1 Scheibe Sauerteigbrot

Die Kombination aus süßem Honig, würzig-cremigem Käse und saftigen Feigen lässt dieses Gericht geradezu dekadent erscheinen. Feigen schmecken im Spätsommer bzw. Frühherbst am besten, also zugreifen. Reste von Ziegenkäse können Sie für Schinken-Schnittchen mit Frischkäse (siehe S. 60) verwenden.

Die Feigen waschen, vierteln und in einer Schüssel im Honig wenden, bis sie rundum gleichmäßig überzogen sind.

Für das Dressing den Essig, das Olivenöl und den Honig in einem Becher verrühren und mit Salz und Pfeffer würzen.

Die Salatblätter waschen, trocken schütteln und auf einem Teller ausbreiten. Den Schinken darauf arrangieren. Die Honigfeigen auf dem Salat anrichten und mit den Granatapfelkernen bestreuen.

Den Salat mit dem Dressing übergießen und den Ziegenkäse darüber zerbröckeln.

Noch schnell ein Tipp: Wenn Sie frischen Granatapfel verwenden statt bereits ausgelöste abgepackte Kerne, die Frucht zunächst auf einer festen Unterlage mit etwas Druck hin und her rollen, um die Kerne zu lockern. Anschließend ein Stück abschneiden und das Fruchtfleisch nach außen stülpen, sodass die Kerne herausfallen.

Fruchtiger Grünkohlsalat
mit Ziegenkäse

⏱ **etwas über 5 Minuten**

2 große Handvoll Grünkohl
1 TL Olivenöl
1 TL Rotweinessig
Pfeffer aus der Mühle
½ Avocado
½ Mango
½ Clementine
1 EL Ziegenweichkäse
1 EL Granatapfelkerne
1 Handvoll Pistazienkerne

Ersetzen Sie …
Avocado durch Rote Bete
 (vorgegart und vakuumiert)
Pistazien durch Mandeln

Reich an Ballaststoffen, arm an Fett und wenn er roh genossen wird, angenehm knackig – Grünkohl ist eine fabelhafte Grundlage für einen Salat. Den Rest der Mango gönnen Sie sich am nächsten Morgen in einer sonnigen Frühstücks-Salsa (siehe S. 28).

Den Grünkohl putzen und waschen, mit einem scharfen Messer die Stiele abtrennen und dicke Blattrippen herausschneiden.

Die Kohlblätter in einer Schüssel mit Olivenöl und Essig beträufeln. Mit den Händen kräftig durchmischen und dabei Essig und Öl in den Kohl einmassieren, bis er weich ist. Mit 1 Prise Pfeffer würzen.

Das Fruchtfleisch der halben Avocado kreuzweise einschneiden, sodass ein Schachbrettmuster aus kleinen Würfeln entsteht. Nur so tief schneiden, dass sich die Stücke herauslösen lassen, nicht durch die Schale schneiden. Die Würfel mit einem Löffel herauslösen und zu dem Kohl in die Schüssel geben. Nun die Mango in gleicher Weise vorbereiten, das Fruchtfleisch kreuzweise einschneiden, herauslösen und in die Schüssel geben.

Die Clementine schälen, unter kaltem Wasser abbrausen und die weiße Haut entfernen. Die Fruchtsegmente einmal durchschneiden und in die Schüssel geben.

Zuletzt den Ziegenkäse in den Salat stückeln, mit den Granatapfelkernen und den Pistazien bestreuen und mit 1 weiterer Prise Pfeffer würzen.

Noch schnell ein Tipp: Wenn Sie frischen Granatapfel verwenden statt bereits ausgelöste abgepackte Kerne, die Frucht zunächst auf einer festen Unterlage mit etwas Druck hin und her rollen, um die Kerne zu lockern. Anschließend ein Stück abschneiden und das Fruchtfleisch nach außen stülpen, sodass die Kerne herausfallen.

SÄTTIGENDES ZUM LUNCH

Vielleicht haben Sie das Frühstück verpasst oder es ging am Morgen mal wieder hektisch zu – manchmal braucht man einfach dringend etwas zu essen, und davon reichlich. Die Rezepte in diesem Kapitel stopfen jedes noch so große Loch im Magen und liefern mit Eiweiß und Kohlenhydraten den nötigen Treibstoff für das Restprogramm.

Hähnchenbrustfilet
auf Bohnen-Bulgur-Salat

etwas über 10 Minuten

¼ Becher Bulgur
½ Gemüsebrühwürfel
Salz und Pfeffer aus der Mühle
½ kleine Zucchini
¼ rote Zwiebel
1 Hähnchenbrustfilet (Freiland oder Bio)
1 Spritzer Zitronensaft
3 gehäufte EL weiße Bohnen (aus der Dose)
je 1 Schuss Rotweinessig und Olivenöl
1 Handvoll Blattsalat (Rucola, Blattspinat oder Brunnenkresse)

Für das Dressing
einige Minzeblätter
1 EL Olivenöl
1 Spritzer Zitronensaft
Salz und Pfeffer aus der Mühle
1 gehäufter EL Naturjoghurt

Hähnchen in der Mikrowelle zu garen, geht ganz schnell und einfach, versprochen! Bohnen und Bulgur dazu machen Sie fit für einen proteingeladenen Start in den Nachmittag.

Den Wasserkocher füllen und einschalten. Bulgur in einem Sieb unter kaltem Wasser abbrausen und in eine mikrowellentaugliche Schüssel geben. Den halben Brühwürfel in einem Becher mit der Gabel zerdrücken, mit kochendem Wasser auffüllen und unter Rühren auflösen. Brühe über den Bulgur gießen und mit 1 Prise Salz und Pfeffer würzen. Mit einem Teller zudecken und in der Mikrowelle auf hoher Stufe 4 Minuten garen.

Für das Dressing Minze waschen, trocken tupfen und hacken. Minze in einem Becher mit Olivenöl und Zitronensaft verrühren und mit Salz und Pfeffer würzen. Joghurt unterrühren.

Zucchini putzen, waschen, in Stücke schneiden, Zwiebel schälen, in feine Würfel schneiden und beides in eine Schüssel geben. Bulgur aus der Mikrowelle nehmen, durchrühren und kurz stehen lassen.

Hähnchenbrust waschen, in eine mikrowellentaugliche Schüssel legen und mit kaltem Wasser bedecken. Mit Salz, Pfeffer und Zitronensaft würzen, Schüssel mit einem Teller oder mikrowellentauglicher Frischhaltefolie zudecken und in der Mikrowelle auf hoher Stufe 3 Minuten garen.

Bohnen in einem Sieb unter kaltem Wasser abbrausen. 3 gehäufte EL abnehmen, mit Essig und Olivenöl unter die Zucchini mengen (restliche Bohnen im Kühlschrank aufbewahren). Bulgur abtropfen lassen und untermengen. Salatblätter waschen, trocken schütteln und darauf verteilen.

Hähnchen aus der Mikrowelle nehmen – Vorsicht, heiß! – und kontrollieren, ob es gar ist; es sollte im Kern nicht mehr rosa sein. Anderenfalls weitere 30 Sekunden garen. In Scheiben schneiden, kurz abkühlen lassen und auf dem Salat arrangieren. Mit Joghurtdressing beträufeln und mit Salz und Pfeffer würzen.

Garnelen-Couscous-Salat
mit Zucchini und Sultaninen

unter 10 Minuten

⅓ Becher Couscous
¼ Gemüsebrühwürfel
½ Becher Riesengarnelen
   (vorgegart und geschält)
Salz und Pfeffer aus der Mühle
1 kleine Zucchini
½ Apfel
1 EL Sultaninen

Für das Dressing
einige Basilikumblätter
einige Minzeblätter
¼ kleine rote Chilischote, fein
   gewürfelt
½ kleine Knoblauchzehe,
   gerieben
1 Spritzer Limettensaft
1 EL Olivenöl

Ersetzen Sie ...
Couscous durch Bulgur
Apfel durch Birne

Auch lecker mit ...
gemischten Nüssen

Gegarte Riesengarnelen werden frisch oder tiefgekühlt angeboten. Zum Auftauen hält man sie ein, zwei Minuten unter warmes Wasser und mischt sie anschließend unter den Couscous.

Den Wasserkocher füllen und einschalten. Den Couscous in einem Sieb unter kaltem Wasser abbrausen, um Reste von Stärke zu entfernen; in eine mikrowellentaugliche Schüssel geben. In einem Becher den Brühwürfel mit einer Gabel zerkrümeln, den Becher zur Hälfte mit kochendem Wasser füllen, die Brühe auflösen und über den Couscous gießen. Die Garnelen in einem Sieb abbrausen, abtropfen lassen und untermengen. Mit etwas Salz und Pfeffer würzen und die Schüssel mit einem Teller oder Frischhaltefolie zudecken. Beiseitestellen.

Für das Dressing das Basilikum und die Minze waschen, trocken tupfen, zerpflücken oder hacken und in einer Schüssel mit Chili, Knoblauch, Limettensaft und Olivenöl verrühren.

Nun kurz nach dem Couscous schauen. Mit einer Gabel durchrühren – wenn er weich ist, ist er gar. Falls nicht, noch etwas heißes Wasser untermengen und zugedeckt 1 weitere Minute quellen lassen.

Die Zucchini putzen, waschen und nach Belieben mit dem Sparschäler rundum längs die Schale abschälen und wegwerfen. Die Zucchini mit dem Sparschäler bis etwa zur Mitte in lange Bänder schneiden. Anschließend umdrehen und von der anderen Seite lange Bänder herunterschneiden.

Das Dressing über den Couscous gießen und unterrühren. Den gewaschenen halben Apfel entkernen, in Würfel schneiden und mit den Sultaninen in den Couscous geben. Die Zucchinibänder hinzufügen und den Salat noch einmal mischen.

Noch schnell ein Tipp: Die andere Apfelhälfte mit etwas Zitronensaft beträufeln, damit sie nicht braun wird, und im Kühlschrank aufbewahren.

Nizza-Salat
mit grünem Spargel

⏱ **unter 10 Minuten**

3–4 kleine neue Kartoffeln
Salz und Pfeffer aus der Mühle
3–4 Cocktailtomaten
2 EL gemischte Oliven
einige Blätter Eisbergsalat
1 EL Olivenöl
1 EL Rotweinessig
Saft von ½ Zitrone
½ EL körniger Senf
½ Dose Thunfisch in eigenem Saft (aus nachhaltigem Fang)
4–5 grüne Spargelstangen
1 großes Freiland- oder Bio-Ei

Wahrlich ein Schmaus zum Zurücklehnen und Genießen. Bereiten Sie alles fix und fertig vor, bevor Sie das Ei und den Spargel pochieren. Sie sind blitzschnell gar und warten nicht gern.

Kartoffeln mit der Schale waschen, halbieren (große Exemplare vierteln) und in eine mikrowellentaugliche Schüssel legen. ¼ Becher kaltes Wasser dazugießen, mit Salz und Pfeffer würzen. Mit einem Teller oder mikrowellentauglicher Frischhaltefolie zudecken. In der Mikrowelle auf hoher Stufe 3 Minuten garen.

Tomaten waschen. Tomaten und Oliven halbieren. Salatblätter waschen, trocken schütteln und zerpflücken. Tomaten, Oliven und Salat in einer Schüssel vermengen. Mit Olivenöl, Essig und Zitronensaft beträufeln, Senf hinzufügen und den Salat mischen.

Im Wasserkocher heißes Wasser für den Spargel aufkochen. Inzwischen die Kartoffeln aus der Mikrowelle nehmen, abgießen, auf einen Teller legen. Salat daneben anrichten.

Thunfischdose öffnen und die Flüssigkeit abgießen. Die Hälfte des Thunfischs auf einen Teller geben, den Rest an einem anderen Tag verbrauchen.

Spargel waschen und im unteren Drittel schälen, holzige Enden abschneiden. Spargelstangen in einer Schüssel mit kochendem Wasser bedecken. Sie benötigen 1 bis 2 Minuten, bis sie gar sind (je knackiger Sie das Gemüse mögen, desto kürzer die Garzeit).

Für das pochierte Ei einen Becher zur Hälfte mit kaltem Wasser füllen. Das Ei hineinschlagen und auf den Boden sinken lassen. Mit einem kleinen Teller zudecken und in der Mikrowelle auf hoher Stufe 60 Sekunden garen.

Den Spargel abtropfen lassen und auf dem Salat anrichten. Das Ei, sobald es wie gewünscht ist, mit einem Löffel aus dem Wasser heben (den Löffel am Becherrand ganz leicht neigen, damit das Wasser abtropft) und auf den Salat setzen. Sofort genießen.

Pochierter Chili-Lachs
mit Reisnudeln und Soja-Limetten-Sauce

⏱ **etwa 10 Minuten**

1 Lachsfilet
Zitronensaft
1 EL Honig
½ TL Chiliflocken
Salz und Pfeffer aus der Mühle
2 EL Weißweinessig
1 Nest Reisnudeln
1 Handvoll langstieliger Brokkoli
¼ kleine Chilischote
1 kleines Stück Möhre
einige Korianderblätter

Für die Sauce
1 haselnussgroßes Stück Ingwer
½ TL Sesamöl
Saft von ¼ Limette
1 TL Sojasauce

Ersetzen Sie …
Brokkoli durch Zuckerschoten oder Edamame-Bohnen
Reisnudeln durch Weizen- oder Soba-Nudeln

Ob Sie es glauben oder nicht, Ihr Büro stinkt nicht nach Fisch, wenn Sie darin mal Lachs pochieren. Lachsfilet wird oft in Packungen zu zwei Portionen angeboten, verwenden Sie das zweite Filet für Lachs auf Asia-Krautsalat (siehe S. 99).

Den Wasserkocher füllen und einschalten. Lachs waschen und in ein flaches mikrowellentaugliches Gefäß legen. Zitronensaft, Honig, Chiliflocken darüber geben, mit Salz und Pfeffer würzen und alles in den Fisch einreiben. Etwas kaltes Wasser angießen, sodass das Filet etwa zur Hälfte in Flüssigkeit liegt. Essig dazugeben, mit einem Teller oder mikrowellentauglicher Frischhaltefolie zudecken und in der Mikrowelle auf hoher Stufe 3 Minuten garen.

Das Nudelnest in eine Schüssel legen, mit 1 Becher kochendem Wasser übergießen und etwa 2 bis 3 Minuten ziehen lassen.

Brokkoli putzen, waschen, in kleine Stücke schneiden und zu den Nudeln in das heiße Wasser legen. Er benötigt etwa 2 Minuten, wer ihn lieber etwas weicher mag, lässt ihn 1 bis 2 weitere Minuten in dem Wasser ziehen.

Während Nudeln und Brokkoli gar ziehen, die Sauce zubereiten. Den Ingwer schälen und in ein verschließbares Glas oder einen Becher reiben. Das Sesamöl, den Limettensaft und die Sojasauce hinzufügen, das Gefäß mit einem Deckel oder Frischhaltefolie fest verschließen und kräftig schütteln.

Den Lachs aus der Mikrowelle nehmen und kontrollieren, ob er gar ist (siehe S. 21). Falls nicht, weitere 30 Sekunden garen.

Nudeln und Brokkoli in einem Sieb abtropfen lassen und in eine Schüssel geben, Soja-Limetten-Sauce hinzufügen. Kurz durchschwenken oder mischen und auf einem Teller anrichten.

Den Lachs aus dem Wasser heben und auf den Teller platzieren. Mit ein paar Chiliringen, etwas geriebener Möhre, Koriandergrün und nach Belieben 1 Bio-Limettenspalte garnieren.

Burrito-Bowl
mit Hähnchen, Feta und Mais

⏱ **unter 10 Minuten**

1 Hähnchenbrustfilet
 (Freiland oder Bio)
½ Limette
Salz und Pfeffer aus der Mühle
½ Avocado
2 EL Mais (aus der Dose)
2 EL schwarze Bohnen
 (aus der Dose)
½ TL gemahlener
 Kreuzkümmel
½ TL Cayennepfeffer
1 Handvoll Cocktailtomaten
einige Korianderblätter
1 EL Feta (Schafskäse),
 zerbröselt
1 EL saure Sahne

Ersetzen Sie ...
Avocadowürfel durch
 Guacamole (siehe S. 57)
schwarze Bohnen durch
 Pinto-Bohnen
Feta durch geriebenen Cheddar

Auch lecker mit ...
Tortilla-Wrap

Burritos sind ein Dauerbrenner zur Lunchzeit und bei meinen Kollegen äußerst beliebt, dabei kann man sie für die Hälfte des Geldes leicht selbst machen. Das Experimentieren mit verschiedenen Geschmackskombinationen ist ein Heidenspaß – es geht fast alles. Hähnchenreste können Sie für Hähnchenbrustfilet auf Bohnen-Bulgur-Salat (siehe S. 88) verwenden.

Die Hähnchenbrust waschen, in eine mikrowellentaugliche Schüssel legen, mit kaltem Wasser bedecken und mit 1 Spritzer Limettensaft und 1 Prise Salz und Pfeffer würzen. Mit einem Teller oder mikrowellentauglicher Frischhaltefolie zudecken und in der Mikrowelle auf hoher Stufe 3 Minuten garen.

Während das Hähnchen gart, das Fruchtfleisch der halben Avocado kreuzweise einschneiden, sodass ein Schachbrettmuster aus kleinen Würfeln entsteht. Die Würfel mit einem Löffel ablösen und in einer Schüssel auffangen. Den Mais dazugeben.

Das Hähnchen aus der Mikrowelle nehmen – vorsichtig, die Schüssel ist sehr heiß – und kontrollieren, ob es gar ist. Ist es im Kern noch leicht rosa, wieder in die Mikrowelle stellen und weitere 30 Sekunden garen bzw. bis es durch ist. Aus dem Wasser nehmen, in mehrere Streifen schneiden, kurz abkühlen lassen und unter die Avocado mengen.

Bohnen in ein Sieb gießen und unter kaltem Wasser abbrausen. 2 EL Bohnen unter die Hähnchen-Avocado-Mischung mengen, den Rest in einer Frischhaltedose in den Kühlschrank stellen.

In einer kleinen Schüssel Kreuzkümmel und Cayennepfeffer mischen. Tomaten waschen, vierteln, in der Würzmischung wenden und in der Mikrowelle auf hoher Stufe 45 Sekunden garen. Herausnehmen und unter Hähnchen, Avocado und Bohnen mengen. Restlichen Limettensaft über den Salat pressen, mit etwas Salz und Pfeffer würzen und mit Koriandergrün garnieren. Den Feta darübergeben und mit saurer Sahne genießen.

Lachs auf Asia-Krautsalat

⏱ etwa 7 Minuten

¼ kleiner Rotkohl
1 Lachsfilet
Limettensaft
Salz und Pfeffer aus der Mühle
2 EL Weißweinessig
1 große Möhre
½ Apfel
2 EL Edamame-Bohnen
Sesamsamen

Für das Dressing
1 walnussgroßes Stück Ingwer
Saft und abgeriebene Schale
  von ½ Bio-Limette
¼ kleine rote Chilischote, fein
  gewürfelt
1 TL Sesamöl

Ersetzen Sie …
Rotkohl durch Weißkohl
Sesamsamen durch
  Erdnusskerne

Dieser leuchtende spritzig-frische Salat ist Geschmack pur. Und mit dem anderen Lachsfilet, falls zwei in der Packung sind, setzen Sie das fernöstliche Thema später in der Woche in Gestalt von pochiertem Chili-Lachs (siehe S. 94) fort.

Für das Dressing den Ingwer schälen, fein reiben und mit der Limettenschale in eine große Schüssel geben. Chili, Sesamöl und 1 Spritzer Limettensaft hinzufügen, gut umrühren und beiseitestellen.

Den Rotkohl putzen und die äußeren Blätter entfernen. Den Rotkohl in feine Streifen schneiden, bis Sie eine großzügige Handvoll haben. Mit der Hand behutsam zerdrücken, damit die Streifen etwas weicher werden, und mit dem Ingwerdressing mischen.

Das Lachsfilet waschen und in eine flache mikrowellentaugliche Schale legen, mit etwas Limettensaft beträufeln und mit Salz und Pfeffer würzen. So viel kaltes Wasser angießen, dass der Fisch etwa zur Hälfte in Flüssigkeit liegt. Den Essig hinzufügen, mit einem Teller oder mikrowellentauglicher Frischhaltefolie zudecken und in der Mikrowelle auf hoher Stufe 3 Minuten garen.

Die Möhre putzen und schälen. Den halben Apfel waschen bzw. schälen und entkernen. Möhre und Apfel in den Rotkohl reiben. Alles mit den Händen durchmischen und beiseitestellen.

Den Lachs aus der Mikrowelle nehmen und kontrollieren, ob er gar ist (siehe S. 21). Falls nicht, weitere 30 Sekunden garen und erneut prüfen. Nicht zu lange garen, sonst wird er trocken.

Den Lachs, wenn er so weit ist, auf dem Salat anrichten und mit den Edamame-Bohnen und 1 Prise Sesam garnieren.

Noch schnell ein Tipp: Die andere Apfelhälfte mit etwas Zitronensaft beträufeln, damit sie nicht braun wird, und bis zur Verwendung im Kühlschrank aufbewahren.

Falafel-Granatapfel-Pita
mit Joghurtdressing

⏱ etwas über 5 Minuten

½ Avocado
1 Spritzer Limettensaft
Salz und Pfeffer aus der Mühle
1–2 Vollkorn-Pitabrote
4–5 Falafel-Bällchen
  (Fertigprodukt)
2 EL Granatapfelkerne

Für das Dressing
einige Minzeblätter
1 EL Naturjoghurt
½ TL Olivenöl
Mohnsamen

Ersetzen Sie …
Guacamole durch Hummus
  (Fertigprodukt)

Auch lecker mit …
Salatgurke und Zitrone
  (unter das Joghurtdressing
  gemischt, eine Art Tsatsiki)
gegrillten Artischockenherzen

Diese gefüllten Pitafladen sind in Nullkommanichts zusammengewürfelt. Falafeln selbst machen ist ein bisschen tückisch und zeitaufwendig, daher habe ich hier gemogelt und die Abkürzung über fertige Falafel-Bällchen genommen, die es abgepackt im Supermarkt gibt. Zur Wiedergutmachung kommt mein selbst gemachter Avocadodip zum Einsatz statt des gekauften Hummus. Da kommt die verbliebene Avocadohälfte vom Wochenanfang gerade recht.

Das Fruchtfleisch der halben Avocado herauslösen und in einer Schüssel mit der Gabel zu einer weichen, streichfähigen Masse zerdrücken. Mit Limettensaft und 1 Prise Salz und Pfeffer würzen und sorgfältig verrühren.

Für das Dressing die Minze waschen, trocken tupfen, fein hacken und in einer Schüssel mit dem Joghurt, dem Olivenöl und 1 Prise Mohnsamen verrühren.

Die Pitas in den Toaster stecken.

Die Falafel-Bällchen auf einen mikrowellentauglichen Teller legen und in der Mikrowelle auf mittlerer Stufe 45 bis 60 Sekunden erhitzen, bis sie durch und durch warm sind.

Die getoasteten Pitas in zwei Hälften schneiden und vorsichtig öffnen. Jeweils etwas Guacamole und Joghurtdressing in die Taschen geben und ein paar Granatapfelkerne hineinschieben. Die Falafel-Bällchen zerdrücken und mit den Fingern hineinstecken. Mit den restlichen Granatapfelkernen und verbliebenem Joghurtdressing garnieren.

Noch schnell ein Tipp: Wenn Sie frischen Granatapfel verwenden statt bereits ausgelöste abgepackte Kerne, die Frucht zunächst auf einer festen Unterlage mit etwas Druck hin und her rollen, um die Kerne zu lockern. Anschließend ein Stück abschneiden und das Fruchtfleisch nach außen stülpen, sodass die Kerne herausfallen.

Süßkartoffel-Brokkoli-Bowl

⏱ **etwas unter 10 Minuten**

1 kleine Süßkartoffel
Salz und Pfeffer aus der Mühle
1 kleine Handvoll dünnstieliger Brokkoli
1 kleine Handvoll Zuckerschoten
2 gehäufte EL Feta (Schafskäse), zerbröselt
Kürbiskerne
1 TL Olivenöl

Für das Dressing

2 EL Tahin (Sesampaste)
Saft von ½ Zitrone
½ kleine Knoblauchzehe, zerstoßen
Salz
einige Petersilienblätter

Ersetzen Sie ...

Feta durch Ziegenweichkäse
Kürbiskerne durch Pistazienkerne

Auch lecker mit ...

Hähnchen oder Chorizo

Im Wasserkocher Wasser für den Brokkoli aufkochen.

Die Süßkartoffel waschen, in etwa 2 cm große Stücke schneiden, holzige Enden wegwerfen, und in eine mikrowellentaugliche Schüssel legen. ⅓ Becher kaltes Wasser dazugießen, mit etwas Salz und Pfeffer würzen und in der Mikrowelle auf hoher Stufe 4 Minuten garen.

Während die Süßkartoffel gart, den Brokkoli putzen, waschen und in Stücke schneiden. Die Zuckerschoten in einem Sieb abbrausen. In einer weiteren Schüssel Brokkoli und Zuckerschoten vermengen. Das Gemüse mit kochendem Wasser bedecken und etwa 2 Minuten ziehen lassen. Wer den Brokkoli lieber etwas weicher mag, lässt ihn ein wenig länger ziehen.

Für das Dressing Tahin, Zitronensaft, 2 EL Wasser, Knoblauch und 1 Prise Salz in einer Schüssel oder einem Becher cremig rühren. Die Petersilie waschen, trocken tupfen, fein hacken, untermengen und beiseitestellen.

Die Süßkartoffel aus der Mikrowelle nehmen und prüfen, ob sie gar ist. Ist sie noch etwas fest, weitere 60 Sekunden garen bzw. so lange, bis sie weich genug ist.

Sind die Süßkartoffelwürfel so weit, das Wasser abgießen. Brokkoli und Zuckerschoten ebenfalls abtropfen lassen und unter die Süßkartoffeln mischen. Das Tahindressing darübergeben und alles gründlich mischen, bis sämtliches Gemüse mit dem Dressing überzogen ist.

Zuletzt den Feta über das Gemüse geben und mit Kürbiskernen bestreuen. Mit 1 Prise Salz und Olivenöl abrunden und servieren.

Zitronen-Tagliatelle
mit Parmesan

⏱ **etwa 5 Minuten**

1 große Handvoll frische
  Tagliatelle oder Linguine
Salz und Pfeffer aus der Mühle
Saft und abgeriebene Schale
  von ½ Bio-Zitrone
1 EL Olivenöl
½ Knoblauchzehe, gerieben
1 gehäufter TL geriebener
  Parmesan, plus Parmesan
  zum Bestreuen
1 kleines Stück Butter
einige Basilikumblätter

Frische Pasta gibt's mittlerweile in den meisten Supermärkten abgepackt zu kaufen und hält sich im Kühlschrank die ganze Woche – probieren Sie auch Linguine mit Chorizo (siehe S. 115).

Wasserkocher füllen und einschalten. Pasta in einer Schüssel mit kochendem Wasser übergießen, mit Salz und Pfeffer würzen und mit einem Teller oder Frischhaltefolie zudecken. Beiseitestellen. Nach etwa 2 bis 3 Minuten sollte die Pasta al dente sein. In einer weiteren Schüssel Zitronensaft und Olivenöl verrühren. Knoblauch, Parmesan und 1 Prise Pfeffer hinzufügen und erneut kräftig rühren, bis die Mischung dick und cremig wird.
Pasta abgießen und Butter unterrühren, bis sie geschmolzen ist. In die Schüssel mit dem Zitronendressing geben und alles mischen. Basilikumblätter waschen, trocken tupfen und über der Pasta zerrupfen. Mit geriebener Zitronenschale und Parmesan bestreuen. Mit Salz und Pfeffer würzen.

Garnelen-Linguine
mit Basilikum-Vinaigrette

⏱ **etwa 5 Minuten**

1 große Handvoll frische
  Linguine oder Tagliatelle
einige Basilikumblätter
2 EL Olivenöl
1 EL Rotweinessig
1 Spritzer Zitronensaft
Salz
½ Becher Riesengarnelen
  (vorgegart und geschält)

Wem nach gehaltvollerer Pasta ist, sollte diese Linguine mit Riesengarnelen und Basilikum-Vinaigrette probieren.

Pasta wie im Rezept oben beschrieben garen. Für die Vinaigrette Basilikum waschen, trocken tupfen, grob zerpflücken und in einem Glas mit Deckel oder einem Becher mit Olivenöl, Essig, Zitronensaft und 1 Prise Salz vermengen. Mit dem Deckel oder Fischhaltefolie fest verschließen und kräftig schütteln. Pasta abtropfen lassen und auf einem Teller anrichten. Garnelen in einem Sieb abbrausen und abtropfen lassen. Auf der Pasta anrichten und mit der Vinaigrette beträufeln.

Kartoffel-Dill-Salat
mit Räucherlachs und Brunnenkresse

⏱ **etwas über 5 Minuten**

6–8 neue Kartoffeln
Salz und Pfeffer aus der Mühle
1 Stiel Dill
abgeriebene Schale und Saft von ¼ Bio-Zitrone
1 TL Crème fraîche
3–4 Cornichons
1 Handvoll Brunnenkresse
4 Scheiben Räucherlachs

Ersetzen Sie …

Räucherlachs durch geräucherte Forelle oder Makrele
Crème fraîche durch Mayonnaise
Brunnenkresse durch Blattspinat oder Rucola

Auch lecker mit …

Kapern

Ein Teller voller Proteine und Kohlenhydrate ist genau das Richtige, wenn für den Abend ein Work-out geplant ist. Der restliche Lachs lässt sich am nächsten Tag auf einem Avocado-Lachs-Bagel (siehe S. 41) zum Frühstück essen und die verbliebenen Kartoffeln in einem Nizza-Salat (siehe S. 92) verbrauchen.

Die Kartoffeln mit der Schale waschen, halbieren (große Exemplare vierteln), in eine mikrowellentaugliche Schüssel geben, ½ Becher kaltes Wasser angießen und mit etwas Salz und Pfeffer würzen. Mit einem Teller oder mikrowellentauglicher Frischhaltefolie zudecken und in der Mikrowelle auf hoher Stufe 3 Minuten garen.

Den Dill waschen, trocken tupfen, Spitzen fein hacken und in einer Schüssel mit der Zitronenschale und der Crème fraîche verrühren.

Die Kartoffeln aus der Mikrowelle nehmen und kontrollieren, ob sie gar sind. Sie sollten durch und durch weich sein.

Die Cornichons an den Enden kappen, in Stücke schneiden und unter die Kartoffeln mengen. Das Dressing dazugeben und den Salat sorgfältig mischen.

Die Brunnenkresse verlesen, waschen, trocken schütteln, auf einen Teller häufen und die Lachsscheiben darauf arrangieren. Daneben die Kartoffeln anrichten, mit 1 Spritzer Zitronensaft und 1 Prise Salz und Pfeffer würzen.

Tomaten-Paprika-Bulgursalat

⏱ etwas über 5 Minuten

¼ Becher Bulgur
½ Gemüsebrühwürfel
Salz und Pfeffer aus der Mühle
1 Handvoll Cocktailtomaten
2 EL geröstete Paprikaschoten in Öl
¼ rote Zwiebel
einige Korianderblätter
1 EL Sultaninen

Für das Dressing

½ TL gemahlener Kreuzkümmel
Cayennepfeffer
Zimtpulver
1 Spritzer Zitronensaft
1 EL Olivenöl
Salz und Pfeffer aus der Mühle

Ersetzen Sie …

Koriandergrün durch Minze
Bulgur durch Couscous

Auch lecker mit …

Feta (Schafskäse)
Kichererbsen
„Zucchininudeln" (siehe S. 73)
abgeriebener Bio-Orangenschale

Eine Auswahl verschiedener Gewürze im Büroschrank beschert Ihnen ungeahnten Lunchgenuss. Hier verleiht eine wärmend-würzige Kombi aus Kreuzkümmel, Cayennepfeffer und Zimt einem simplen Bulgursalat eine komplett neue Dimension.

Den Wasserkocher füllen und einschalten. Den Bulgur in einem Sieb unter kaltem Wasser abbrausen, um Reste von Stärke zu entfernen und in eine mikrowellentaugliche Schüssel geben. Den halben Brühwürfel in einem Becher mit der Gabel zerdrücken, mit kochendem Wasser auffüllen und unter Rühren auflösen. Die Brühe über den Bulgur gießen und mit 1 Prise Salz und Pfeffer würzen. Mit einem Teller zudecken und in der Mikrowelle auf hoher Stufe 4 Minuten garen.

Während der Bulgur gart, die Tomaten waschen, halbieren und in eine Schüssel geben. Die Paprika in Ringe schneiden und dazugeben.

Für das Dressing den Kreuzkümmel und je 1 Prise Cayennepfeffer und Zimt in einen kleinen Becher streuen, Zitronensaft, Olivenöl und 1 Prise Salz und Pfeffer hinzufügen und mit dem Löffel gründlich verrühren.

Den Bulgur aus der Mikrowelle nehmen und noch einen Moment quellen lassen. Inzwischen das Zwiebelviertel schälen, in feine Würfel schneiden und unter das Dressing rühren. Das Koriandergrün waschen, trocken tupfen und in Stücke rupfen.

Wenn der Bulgur gar ist, das Koriandergrün und die Sultaninen unterziehen. Das Dressing dazugeben, Tomaten und Paprika hinzufügen und den Salat sorgfältig mischen. Auf einem Teller anrichten und servieren.

Puten-Reisnudel-Bowl
mit Pak Choi und Ingwer-Soja-Dressing

⏱ **unter 10 Minuten**

1 Stück Putenbrustfilet
  (Freiland oder Bio)
Limettensaft
Salz und Pfeffer aus der Mühle
1 Nest Reisnudeln
1 Pak Choi
2–3 kleine Paprikaschoten
2 EL Edamame-Bohnen

Für das Dressing

1 TL Sojasauce
½ TL Sesamöl
1 TL Reisessig
1 Frühlingszwiebel
½ kleine Knoblauchzehe
1 haselnussgroßes Stück
  Ingwer

Ersetzen Sie …

Reisessig durch Rotwein- oder
  Apfelessig, aber vorsichtig
  dosieren, sie sind süßer und
  kräftiger als Reisessig
Pute durch Hähnchen
Pak Choi durch dünnstieligen
  Brokkoli

Der knackige Pak Choi harmoniert vortrefflich mit der saftigen Putenbrust und den Reisnudeln. Und als Zugabe gibt's eine süß-salzige Ingwer-Sojasauce obendrauf.

Zuerst im Wasserkocher Wasser für die Nudeln aufkochen.

Für das Dressing Sojasauce, Sesamöl und Reisessig in ein Glas mit Deckel oder einen Becher füllen. Die Frühlingszwiebel putzen, waschen, hacken und dazugeben. Knoblauch und Ingwer schälen und hineinreiben, mit dem Deckel oder Frischhaltefolie fest verschließen und kräftig schütteln. Beiseitestellen.

Die Putenbrust waschen, in eine mikrowellentaugliche Schüssel legen und mit kaltem Wasser bedecken. Ein wenig Limettensaft hineinpressen und mit Salz und Pfeffer würzen. Die Schüssel mit einem Teller oder mit mikrowellentauglicher Frischhaltefolie zudecken und das Geflügel in der Mikrowelle auf hoher Stufe 3 Minuten garen.

Während die Putenbrust gart, die Nudeln vorbereiten. Das Nudelnest in einer Schüssel mit etwas kochendem Wasser übergießen und 2 Minuten ziehen lassen.

Als Nächstes den Pak Choi in die einzelnen Blätter teilen, unter kaltem Wasser abbrausen und zu den Nudeln ins heiße Wasser legen. Die Paprikaschoten entkernen, waschen, in Ringe schneiden und beiseitelegen.

Die Putenbrust aus der Mikrowelle nehmen und kontrollieren, ob sie gar ist – das Fleisch sollte im Kern nicht mehr rosa sein. Ist es noch nicht ganz durch, die Garzeit so lange um jeweils 30 Sekunden verlängern, bis es durchgegart ist.

Nudeln und Pak Choi abgießen und die Paprikaringe und die Edamame-Bohnen untermischen. Die Putenbrust in Scheiben schneiden und darauf anrichten. Alles mit dem Dressing überziehen und fertig ist ein sensationelles Geschmackserlebnis.

Gebackene Süßkartoffel
mit Tomaten und Paprikabohnen

⏱ **etwa 10 Minuten**

1 mittelgroße Süßkartoffel
4 EL passierte Tomaten
1 TL Olivenöl
1 Spritzer Zitronensaft
½ kleine Knoblauchzehe, gerieben
1 TL Paprikapulver
½ TL gemahlener Kreuzkümmel
½ Dose gemischte Bohnen
1 Handvoll Blattspinat
1 gehäufter EL Feta (Schafskäse), zerbröselt
Salz und Pfeffer aus der Mühle

Ersetzen Sie ...
Süßkartoffel durch gewöhnliche Kartoffel, die allerdings 5 Minuten länger benötigt
Feta durch Ziegenweichkäse oder Ricotta

Dies ist Wohlfühlküche vom Feinsten – genau das Richtige an einem kalten, regnerischen Tag. Sie können Ihre Süßkartoffel mit so ziemlich allem toppen, ich habe hier eine veredelte Variante der klassischen Käse-Bohnen-Kombi gewählt.

Die Süßkartoffel waschen, von runzeligen Enden befreien und rundum mit einer Gabel einstechen. In ein feuchtes Küchentuch und dann in mikrowellentaugliche Frischhaltefolie wickeln und in einer mikrowellentauglichen Schüssel in der Mikrowelle auf hoher Stufe 5 Minuten garen.

Inzwischen die Sauce für die Bohnen zubereiten. Passierte Tomaten, Olivenöl, Zitronensaft, Knoblauch, Paprikapulver und Kreuzkümmel in einer Schüssel verrühren. Die Bohnen in ein Sieb gießen und unter kaltem Wasser abbrausen. Die Hälfte der Bohnen unter die Sauce rühren, den Rest in einer Frischhaltedose im Kühlschrank aufbewahren.

Wenn die 5 Minuten vorüber sind, die Süßkartoffel aus der Mikrowelle nehmen und kontrollieren, ob sie gar ist. Sie sollte sich weich anfühlen und auf Druck nachgeben (vorsichtig, sie ist sehr heiß).

Nun die Bohnen mit einem Teller oder mikrowellentauglicher Frischhaltefolie zudecken und in der Mikrowelle auf hoher Stufe 2 Minuten erhitzen.

Inzwischen den Spinat verlesen und waschen, grobe Stiele entfernen. Den Spinat auf einem Teller ausbreiten. Die Süßkartoffel auswickeln, längs aufschneiden und auf den Spinat setzen. Unter der Resthitze fällt er in sich zusammen.

Die Bohnen, sobald sie durch und durch heiß sind, kurz durchrühren und auf die Süßkartoffel geben. Den Feta darübergeben, mit etwas Salz und Pfeffer würzen und heiß genießen.

Chorizo-Linguine
mit Tomaten-Fenchel-Sauce

⏱ **etwas über 5 Minuten**

1 große Handvoll frische
  Linguine oder Tagliatelle
Salz und Pfeffer aus der Mühle
½ kleine Knoblauchzehe,
  gerieben
½ TL Fenchelsamen
einige Korianderblätter
1 Handvoll Cocktailtomaten
3 EL passierte Tomaten
1 TL Olivenöl, plus Olivenöl
  zum Beträufeln
4–5 Scheiben Chorizo (span.
  Paprikawurst; bereits fertig
  aufgeschnittene Chorizo
  für Antipasto oder dünn
  von einer ganzen Chorizo
  abgeschnitten)

Ersetzen Sie ...
Chorizo durch gegartes
  Hähnchen
Koriandergrün durch
  Basilikum

Auch lecker mit ...
frischem Fenchel
Mozzarella

Wenn Sie ihn finden und er nicht zu teuer ist, empfehle ich frischen Fenchel als Topping für diese Pasta – er sorgt für ein angenehm knackiges Element. Falls nicht, macht es auch nichts, da sind ja noch die Fenchelsamen mit ihrem warmen anisähnlichen Aroma.

Den Wasserkocher füllen und einschalten. Die Pasta in einer Schüssel mit kochendem Wasser bedecken, mit etwas Salz und Pfeffer würzen und zugedeckt ziehen lassen. Nach 2 bis 3 Minuten sollte sie al dente sein.

Den Knoblauch und die Fenchelsamen in einer mikrowellentauglichen Schüssel vermengen und mit einem Löffelrücken zermahlen. Den Koriander waschen und trocken tupfen. Die Tomaten waschen, halbieren und in die Schüssel geben. Die passierten Tomaten, Olivenöl und ein paar Korianderblätter dazugeben (restliche Korianderblätter beiseitelegen) und alles gut verrühren.

Chorizo in dünne Scheiben schneiden, bereits geschnittene Chorizo für Antipasto längs in feine Streifen schneiden. Die Wurst unter die Tomatenmischung mengen und mit etwas Salz und Pfeffer würzen. Mit einem Teller oder mikrowellentauglicher Frischhaltefolie zudecken und in der Mikrowelle auf hoher Stufe 90 Sekunden erhitzen.

Die Sauce aus der Mikrowelle nehmen und gut durchrühren. Sie sollte ganz heiß sein.

Die Pasta abgießen, mit etwas Olivenöl beträufeln und mit etwas Salz und Pfeffer würzen. Mischen, mit der Sauce überziehen und mit den restlichen Korianderblättern garnieren.

Asia-Nudelsuppe
aus dem Glas

⏱ **unter 10 Minuten**

1 Nest getrocknete Nudeln (ich nehme Vollkorn- oder Soba-Nudeln)
1 TL Misopaste
1 EL Sojasauce
1 TL Tom-Yum-Paste (oder ½ TL rote Thai-Currypaste)
1 Spritzer Limettensaft
Chiliflocken
einige Tröpfchen Chilisauce (nach Belieben)
1 kleine Paprikaschote
½ Möhre
1 Handvoll Rotkohl
1 Frühlingszwiebel
1 Handvoll Zuckerschoten
1 Handvoll Bohnensprossen
Salz und Pfeffer aus der Mühle
½ Gemüsebrühwürfel
einige Korianderblätter

Auch lecker mit ...
jedem anderen Gemüse nach Wahl
gegarten Riesengarnelen oder gegartem Hähnchen – kurz vor Zugabe der Brühe hinzufügen

Ein wirklich wandlungsfähiger Lunch – praktisch jedes Gemüse kommt dafür infrage, so fällt er jedes Mal anders aus. Grundzutaten sind Nudeln und ein halber Brühwürfel, dann gart alles hübsch übersichtlich in einem Glas.

Den Wasserkocher füllen und einschalten – das Wasser sollte reichen, um das Glas aufzufüllen und in einer Schüssel die Nudeln zu bedecken. Die Nudeln in der Schüssel mit kochendem Wasser übergießen und mit einem Teller oder mikrowellentauglicher Frischhaltefolie bedeckt 2 bis 3 Minuten ziehen lassen; Reisnudeln benötigen nur 1 Minute.

Während die Nudeln ziehen, die Misopaste, die Sojasauce, die Tom-Yum-Paste, Limettensaft und 1 Prise Chiliflocken in einem Becher verrühren. Wer es gern feurig mag, gibt noch ein paar Spritzer Chilisauce hinein (ich nehme Tabasco).

Die Nudeln abtropfen lassen, in ein großes Glas füllen und mit der Würzmischung übergießen.

Nun die Paprika, die Möhre, den Kohl und die Frühlingszwiebel putzen, waschen bzw. schälen und klein schneiden. Die Zuckerschoten und die Bohnensprossen in einem Sieb abbrausen und abtropfen lassen, mit dem restlichen Gemüse in das Glas geben und alles mit etwas Salz und Pfeffer würzen.

Den halben Brühwürfel in einem Becher mit der Gabel zerdrücken und mit kochendem Wasser auffüllen. Umrühren, bis sich die Brühe aufgelöst hat, und über das Gemüse ins Glas gießen – alles sollte vollständig bedeckt sein, falls nötig, mit kochendem Wasser auffüllen.

Korianderblätter waschen, in das Glas geben, das Glas fest verschließen und einige Minuten stehen lassen. Die Brühe wird etwas dunkler, wenn sie sich mit den Gewürzen mischt. Das Glas öffnen, noch einmal umrühren und genüsslich schlürfen!

Sattmacher-Sandwich
mit Cheddar und knackigen Gurken

⏱ **unter 5 Minuten**

1 Ciabatta-Brötchen
 (ersatzweise 2 Scheiben
 Sauerteigbrot)
½ Avocado
Salz und Pfeffer aus der Mühle
4–5 Scheiben Cheddar
2 Gewürzgurken, in Scheiben
 geschnitten
3–4 Scheiben Parma- oder
 anderer roher Schinken
2–3 getrocknete Tomaten (in Öl)
einige Basilikumblätter

Ersetzen Sie …
Cheddar durch
 Ziegenweichkäse

Manchmal geht dann doch nichts über ein Sandwich. Ein wirklich sättigendes Exemplar erfordert allerdings eine Auswahl an Zutaten unterschiedlicher Aromen und Konsistenz und natürlich eine Unterlage aus frischem knusprigem Brot. Hier meine Auslegung des New-York-Deli-Sandwiches mit Parmaschinken, Cheddar und Gurken.

Das Brötchen in 2 Hälften schneiden und in den Toaster stecken. Es braucht nur etwa 1 Minute, bis es knusprig ist.

Das Fruchtfleisch der halben Avocado in einer Schüssel mit einer Gabel zu einer weichen, streichfähigen Masse zerdrücken. Mit 1 Prise Salz und Pfeffer würzen und noch einmal gut durchrühren.

Sobald die Brötchenhälften am Rand goldbraun sind, die eine Hälfte mit der Avocadomasse bestreichen.

Die andere Hälfte mit den restlichen Zutaten belegen, zuerst mit Käse, dann Gurken, Schinken und getrockneten Tomaten. Basilikumblätter waschen, trocken tupfen und ebenfalls darauflegen. Etwas von dem Öl der Tomaten darüberträufeln, die andere Brötchenhälfte auflegen und fertig ist ein Sandwich, das es in sich hat.

Hähnchen-Chorizo-Sandwich

⏱ **unter 5 Minuten**

1 Hähnchenbrustfilet
 (Freiland oder Bio)
1 Ciabatta-Brötchen
1 TL Harissapaste
4–5 Scheiben Chorizo
 (span. Paprikawurst)
1 gehäufter EL Feta
 (Schafskäse), zerbröselt

Zunächst die Hähnchenbrust waschen und pochieren (siehe S. 22). Inzwischen das Brötchen in 2 Hälften schneiden und goldbraun toasten. Anschließend mit der Harissapaste bestreichen.

Die Hähnchenbrust, wenn sie gar ist, in Scheiben schneiden und auf die Brötchenhälften legen. Die Chorizo und den Feta darauf verteilen.

Sommerlicher Lachs-Zucchini-Salat
mit Oliven und Pinienkernen

⏱ etwa 5 Minuten

1 große Handvoll Rucola
½ Avocado
1 große Handvoll gemischte Oliven
2 EL Pinienkerne
einige Radieschen
1 Zucchini
1 EL Olivenöl
2 EL Apfelessig
3–4 Scheiben Räucherlachs
Salz und Pfeffer aus der Mühle

Ersetzen Sie …
Rucola durch Brunnenkresse
Pinienkerne durch Pistazien
Lachs durch gegartes Hähnchen (siehe S. 22)

Hierfür lassen sich Lachsreste vom Avocado-Lachs-Bagel (siehe S. 41) oder vom Räucherlachs auf Brunnenkresse (siehe S. 106) verwerten.

Den Rucola verlesen, waschen und trocken schütteln, grobe Stiele entfernen. Den Rucola in eine große Schale oder auf einen großen Teller häufen.

Das Fruchtfleisch der halben Avocado kreuzweise einschneiden, sodass ein Schachbrettmuster aus kleinen Würfeln entsteht. Die Stücke mit einem Löffel ablösen und über dem Rucola verteilen.

Die Oliven nach Belieben halbieren, ggf. entsteinen und mit den Pinienkernen auf den Salat streuen. Die Radieschen putzen, waschen, in dünne Scheiben schneiden und in die Schüssel geben.

Die Zucchini putzen, waschen und nach Belieben mit dem Sparschäler rundum längs die Schale abschälen und wegwerfen. Die Zucchini mit dem Sparschäler bis etwa zur Mitte in lange Bänder schneiden. Anschließend umdrehen und von der anderen Seite in lange Bänder schneiden.

Zuletzt das Olivenöl und den Essig in einem Becher verrühren und über den Salat träufeln. Die Lachsscheiben darauf anrichten und mit Salz und Pfeffer würzen.

Räuchermakrele
auf Bohnen-Paprika-Salat

⏱ etwa 5 Minuten

4 gehäufte EL gemischte Bohnen (aus der Dose)
1 EL Olivenöl
Saft von ½ Zitrone
Salz und Pfeffer aus der Mühle
einige Minzeblätter
Chiliflocken oder Cayennepfeffer
½ Avocado
2–3 kleine Paprikaschoten
1 große Handvoll Blattsalate (Feldsalat oder Blattspinat)
1 geräuchertes Makrelenfilet

Ersetzen Sie ...

gemischte Bohnen durch Kichererbsen
Makrele durch gegarten Hering, Lachs oder Forellenfilets

Makrelenfilets werden selten einzeln abgepackt angeboten. Verwerten Sie den Rest innerhalb einiger Tage nach dem Anbruch; besonders gut schmeckt Räuchermakrele zu Rührei auf Toast.

Die Bohnen in ein Sieb abgießen und unter kaltem Wasser abbrausen. 4 gehäufte EL Bohnen abnehmen und in einer Schüssel mit dem Olivenöl und etwas Zitronensaft verrühren (den Rest in einer Frischhaltebox im Kühlschrank aufbewahren). Mit 1 Prise Salz und Pfeffer würzen und noch einmal umrühren.

Die Minze waschen, trocken tupfen, fein hacken und unter die Bohnen mischen. Mit 1 Prise Chiliflocken oder Cayennepfeffer würzen und beiseitestellen.

Nun zum Rest des Salats. Das Fruchtfleisch der halben Avocado kreuzweise einschneiden, sodass ein Schachbrettmuster aus kleinen Würfeln entsteht. Die Stücke mit einem Löffel ablösen und auf den Bohnen verteilen. Die Paprikaschoten entkernen, waschen und in Ringe schneiden. Den Salat waschen und trocken schütteln. Paprika und Salat unter die Bohnen heben.

Den Salat auf einem Teller anrichten. Das Makrelenfilet in Stücke schneiden, auf dem Salat verteilen und mit 1 Spritzer Zitronensaft beträufeln.

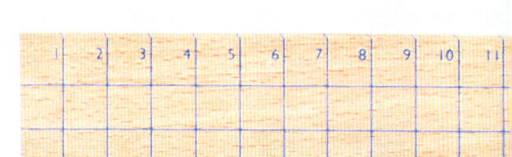

SÜSSE SNACKS

Jeder hat sich dann und wann eine kleine süße Leckerei verdient, und für die Naschkatzen unter uns gibt es daran ohnehin nichts zu rütteln. Schnuppern Sie hinein in dieses Kapitel, da warten viele leckere Alternativen zu diesem berüchtigten letzten altbackenen Keks.

Kakao-Bananen-Mousse
mit Avocado

⏱ **unter 5 Minuten**

1 reife Banane
½ reife Avocado
1 EL Mandeldrink
2 TL ungesüßtes Kakaopulver
1 TL Honig
1 Handvoll Beeren (Blaubeeren, Himbeeren oder Erdbeeren)
1 Handvoll Mandeln

Ersetzen Sie ...
Beeren durch Mangostücke
Mandeln durch Paranusskerne
Mandeldrink durch Kokosmilch

Auch lecker mit ...
abgeriebener Bio-Orangenschale
Kokoschips
gewürfelter Mango

Ein wunderbares kleines Rezept, um eine übriggebliebene Avocadohälfte oder eine weiche Banane aus den Tiefen des Kühlschranks zu verwerten. Sie mögen nicht mehr aussehen wie zu ihren besten Zeiten, dafür kommen sie gerade richtig für ein cremiges Dessert.

Die Banane schälen, in Stücke schneiden und in einer Schüssel mit der Gabel zerdrücken, bis die Masse glatt ist.

Das Fruchtfleisch der halben Avocado auslösen, in die Schüssel geben und ebenfalls zu einer homogenen Masse zerdrücken.

Den Mandeldrink unterrühren, anschließend das Kakaopulver hineinstreuen und einarbeiten.

Zuletzt den Honig hinzufügen und sorgfältig unterrühren. Die Beeren verlesen, waschen und ggf. putzen. Die Kakao-Bananen-Mousse mit den Beeren und Mandeln garnieren.

Frozen Yoghurt
mit bunten Früchten

⏱ **unter 5 Minuten
(plus 3 Stunden
einfrieren)**

6 EL Naturjoghurt
1 TL Honig oder Ahornsirup
gemischte weiche Früchte wie:
   Himbeeren
   Brombeeren
   Blaubeeren
   Mango, gewürfelt
   Nektarine, gewürfelt
   Erdbeeren, halbiert

Ersetzen Sie ...
Naturjoghurt durch
   Kokosjoghurt oder anderen
   aromatisierten Joghurt

Auch lecker mit ...
1 kleinem Klecks
   Nussnougatcreme
   (siehe S. 163)

Dies ist eine coole Erfrischung für heiße Tage, die Sie vor dem Griff zu überzuckerter Eiscreme bewahrt. Nehmen Sie dafür einen Eiswürfelbereiter. Falls Sie keinen haben, geht es mit Cupcake-Bechern ebenso gut.

Den Eiswürfelbehälter zwei Drittel hoch mit Joghurt füllen. Jeweils etwas Honig oder Ahornsirup hineinträufeln und umrühren. Die vorbereiteten Früchte darauf platzieren, sofort in das Tiefkühlfach stellen und 3 Stunden einfrieren.

Sobald der Joghurt gefroren ist, den Eiswürfelbehälter herausnehmen und einige Sekunden warmes Wasser über die Rückseite laufen lassen, damit sich die „Eispralinen" leichter herauslösen lassen. Diese auf einen Teller stürzen – falls nötig, behutsam gegen die Rückseite des Behälters klopfen, um etwas nachzuhelfen.

Die Eispralinen noch einen Moment antauen lassen, damit sie etwas weicher werden, und anschließend im Büro herumreichen!

Apfel-Cracker
mit Mandel- und Beerenmus

⏱ **unter 10 Minuten**

1 großer Apfel
Zimtpulver
1 EL Himbeeren
1 EL Blaubeeren
2 EL Mandelmus

Ersetzen Sie …

Mandelmus durch
　Erdnussbutter oder
　Cashewkernmus
Himbeeren und Blaubeeren
　durch Bananenscheiben und
　Erdbeeren

Getrocknete Äpfel sind ein geniales Mittel, um das Vieruhrzuckerloch zu stopfen. Hier habe ich ihnen noch etwas Mandelbutter und zerdrückte Beeren verordnet, aber sie schmecken auch ohne nach mehr.

Den Apfel oben und unten ein Stückchen kappen, waagerecht in dünne Scheiben schneiden und die Kerne entfernen.

Einen großen mikrowellentauglichen Teller mit Pergamentpapier bedecken und die Apfelscheiben nebeneinander darauflegen – sie dürfen sich nicht überlappen. Mit 1 Prise Zimt bestreuen und in der Mikrowelle auf hoher Stufe 3 Minuten garen, bis sich die Scheiben am Rand leicht hochwölben.

Während die Apfelscheiben garen, die Himbeeren und die Blaubeeren verlesen, waschen, trocken tupfen und in einer Schüssel mit einer Gabel sanft zerdrücken.

Die Apfelscheiben aus der Mikrowelle nehmen, wenden und weitere 30 Sekunden auf hoher Stufe garen.

Die Apfelscheiben aus der Mikrowelle nehmen und noch 2 Minuten stehen lassen, damit sie gänzlich trocknen und knusprig werden.

Die knusprigen Apfelscheiben auf einen Teller legen und mit Mandelmus bestreichen. Etwas Beerenmus daraufhäufen, mit 1 Prise Zimt bestreuen und servieren.

Schoko-Bananen-Reiswaffeln

⏱ **unter 5 Minuten**

1 große Banane
1 TL Honig oder Ahornsirup
2 Reiswaffeln
einige Stücke Bitterschokolade
Zimtpulver

Ersetzen Sie ...
Reiswaffeln durch Haferkekse
Schokolade durch frische
 Beeren

Auch lecker mit ...
einer dünnen Schicht
 Erdnussbutter

Reiswaffeln sind ein echter Schatz in der Vorratskammer, sie halten sich ewig und lassen sich mit allem Möglichen (ob süß oder salzig) belegen.

Die Banane schälen und in dünne Scheiben schneiden. Die Hälfte in eine Schüssel geben und mit einer Gabel zerdrücken, bis die Masse weich und streichfähig ist. Den Honig oder Ahornsirup unterrühren und die Masse auf die Reiswaffeln streichen.

Mit den restlichen Bananenscheiben belegen und mit geriebener Schokolade und 1 Prise Zimt bestreuen – fertig ist der Knusperspaß.

Blaubeer-Joghurt-Reiswaffeln

⏱ **etwa 2 Minuten**

einige Minzeblätter
1 EL griechischer Joghurt
abgeriebene Schale von
 ¼ Bio-Zitrone
1–2 Reiswaffeln
1 Handvoll Blaubeeren
1 TL Ahornsirup

Die Minze waschen, trocken tupfen, zerpflücken und in einer Schüssel oder einem Becher mit dem Joghurt und der Zitronenschale verrühren. Die Reiswaffel(n) mit dem Joghurt bestreichen und mit einigen Blaubeeren garnieren. Zuletzt etwas Ahornsirup darüberträufeln und genießen.

Schokoladen-Orangen-Fondue
mit Frucht-Mix

⏱ **etwas unter 5 Minuten**

30 g Bitterschokolade von guter Qualität
1 Banane
1 Handvoll Erdbeeren
1 EL Blaubeeren
1 EL Brombeeren
1 EL Mandeln
abgeriebene Schale von ¼ Bio-Orange

Ersetzen Sie …

Mandeln durch Cashew- oder Walnusskerne
Banane durch Mango, Apfel oder Ananas

Ich schätze, dies liegt genau an der Schnittstelle zwischen gesund und sündhaft. Ich habe ein paar fruchtige Vorschläge gemacht, aber im Grunde kann man so ziemlich alles nehmen, was einem zusagt.

Die Schokolade in Stücke zerbrechen, in eine mikrowellentaugliche Schüssel legen und in der Mikrowelle auf hoher Stufe 60 Sekunden schmelzen.

Inzwischen die Banane schälen und in Stücke schneiden. Die Erdbeeren waschen, putzen und ebenfalls in Stücke schneiden. Die Blau- und Brombeeren verlesen, waschen und trocken tupfen. Bananen- und Erdbeerstücke, Blaubeeren, Brombeeren und Mandeln auf einem Teller anrichten.

Die Schokolade aus der Mikrowelle nehmen, kurz durchrühren und dann noch einmal 30 Sekunden erhitzen. Sobald sie ganz geschmolzen ist, herausnehmen, die Orangenschale hineingeben und unterrühren.

Am besten schmeckt dieses Fondue, solange die Schokolade noch warm ist – entweder die Früchte einzeln hineintunken oder einfach sämtliche Früchte unterrühren und genießen.

Birnen-Mugcake
mit Mandeln

⏱ **etwas über 5 Minuten**

1 kleines Stück Butter
1 mittelgroßes Ei
 (Freiland oder Bio)
2 TL extrafeiner Zucker
1½ EL Milch
4 EL Mehl
2 EL gehobelte oder gehackte Mandeln
½ Birne
1 TL Honig oder Ahornsirup

Backen muss nicht heißen, dass man stundenlang in der Küche steht und mit zahllosen Zutaten hantiert – dieser kleine Mugcake geht binnen Minuten auf und schmeckt garantiert zehnmal besser als der altbackene Geburtstagskuchen von neulich.

Zuerst die Butter zerlassen: Das Butterstück in einen Becher legen und in der Mikrowelle auf hoher Stufe 30 Sekunden zerlassen – aber aufpassen, dass die Butter nicht verbrennt.

In einem weiteren Becher das Ei und den Zucker leicht verschlagen. Die Milch, das Mehl, die zerlassene Butter und die Mandeln dazugeben und alles mit der Gabel sorgfältig verrühren.

Die gewaschene Birnenhälfte entkernen. In eine mikrowellentaugliche Schüssel legen und mit etwas Wasser benetzen. Mit einem Teller oder mikrowellentauglicher Frischhaltefolie zudecken und in der Mikrowelle auf hoher Stufe 45 Sekunden garen.

Die Birne aus der Mikrowelle nehmen, abtropfen lassen und in kleine Stücke schneiden. Die Birnenstücke mit dem Honig oder Ahornsirup unter die anderen Zutaten im Becher rühren.

Den Becher in die Mikrowelle stellen und den Mugcake auf hoher Stufe 60 Sekunden backen. Anschließend einen kurzen Blick darauf werfen – der Teig sollte schon ein ganzes Stück aufgegangen sein –, wieder in die Mikrowelle stellen und weitere 30 Sekunden backen.

Bevor Sie ihm mit der Gabel zu Leibe rücken, den Mugcake noch 1 Minute abkühlen lassen.

Brownie-Mugcake

⏱ **etwas über 5 Minuten**

4 EL Mehl
1 TL extrafeiner Zucker
1 EL ungesüßtes Kakaopulver
1½ EL Milch
1 kleines Stück Butter
1 mittelgroßes Ei
   (Freiland oder Bio)
½ kleine Banane
einige kleine Würfel
   Bitterschokolade
2 TL Ahornsirup

Ersetzen Sie ...
Banane durch Erdbeeren
Bitterschokolade durch weiße
   Schokolade

Auch lecker mit ...
gehackten Mandeln oder
   Haselnüssen

Das komplette Büro wird Sie beneiden, wenn Sie diesen Prachtkerl aus der Mikrowelle ziehen. Saftig und zartschmelzend wie er ist, stillt er unter Garantie jeden nachmittäglichen Schokoheißhunger.

In einem großen Becher das Mehl, den Zucker und den Kakao vermengen. Die Milch dazugeben und alles mit der Gabel verrühren.

In einem weiteren Becher die Butter in der Mikrowelle auf hoher Stufe 30 Sekunden zerlassen – aber aufpassen, dass die Butter nicht verbrennt. Sobald sie vollständig geschmolzen ist, unter die Schokomischung rühren.

Im selben Becher das Ei leicht verquirlen und anschließend sorgfältig unter den Teig rühren.

Die Banane schälen und in dünne Scheiben schneiden. Mit den Schokowürfeln und dem Ahornsirup in den Teig einarbeiten.

Den Becher in die Mikrowelle stellen und den Brownie auf hoher Stufe 60 Sekunden backen. Einen kurzen Blick darauf werfen – er sollte schon um einiges aufgegangen sein –, wieder in die Mikrowelle stellen und weitere 30 Sekunden backen.

Den Brownie, sobald er fertig ist, noch 1 Minute abkühlen lassen und dann genießen.

EINFACHE GETRÄNKE

Kaffee ist der morgendliche Muntermacher schlechthin, doch wer beim Koffein etwas kürzer treten will oder einfach nach Abwechslung sucht, ist hier goldrichtig. Ob sommerliche Erfrischung oder winterlicher Seelenwärmer, hier gibt's was zu trinken.

Frischer Himbeer-Minztee

einige Minzeblätter
einige Himbeeren

Den Wasserkocher füllen und einschalten. Die Minze waschen, trocken tupfen, zerrupfen und zwischen den Fingern reiben, um die ätherischen Öle freizusetzen. In einen Becher geben. Die Himbeeren verlesen, waschen und hinzufügen, mit der Gabel leicht zerdrücken. Mit kochendem Wasser auffüllen und umrühren.

Warmer Apfel-„Glühwein"

1 TL Ahornsirup
frisch geriebene Muskatnuss
Zimtpulver
abgeriebene Schale von
  ¼ Bio-Orange
1 Becher naturtrüber Apfelsaft

Den Ahornsirup in einem Becher mit je 1 Prise Muskatnuss und Zimt verrühren und die Orangenschale dazugeben. Mit Apfelsaft auffüllen und in der Mikrowelle auf hoher Stufe 90 Sekunden erhitzen.

Warme Zimt-Honig-Milch

1 Becher Milch
½ TL Zimtpulver
1 TL Honig

Die Milch in einem Becher in der Mikrowelle auf hoher Stufe 90 Sekunden erhitzen.

In einem weiteren Becher den Zimt und den Honig zu einer Paste verrühren. Mit der heißen Milch aufgießen und umrühren, bis sich der Honig aufgelöst hat.

Echte heiße Schokolade

1 Becher Milch
30 g Bitterschokolade von guter Qualität, plus etwas Schokolade zum Garnieren
abgeriebene Schale von ¼ Bio-Orange

Ersetzen Sie ...
Orangenschale durch Chiliflocken oder frisch geriebene Muskatnuss

Die Milch in einem Becher in der Mikrowelle auf hoher Stufe 90 Sekunden erhitzen.

Die Schokolade in kleine Stücke brechen und in die heiße Milch tauchen. Die Orangenschale dazugeben und umrühren, bis die Schokolade vollständig geschmolzen ist. Mit etwas geriebener Schokolade bestreuen und heiß genießen.

Brombeer-Minz-Limonade

½ TL Agavensirup
abgeriebene Schale und Saft
   von ½ Bio-Zitrone
1 Handvoll Brombeeren
einige Minzeblätter
gekühltes Mineralwasser
Eiswürfel

Es geht nichts über ein Glas eiskalte Limo an einem heißen Tag. Brombeeren und Minze hauchen ihr bei diesem Rezept zusätzlich Geschmack ein.

Den Agavensirup in einem hohen Glas mit der Schale und dem Saft der Zitrone verrühren. Die Brombeeren verlesen, waschen und dazugeben. Die Brombeeren mit einem Löffel sanft zerdrücken, sodass ihr Saft austritt.

Die Minze waschen, trocken tupfen, zerrupfen und zwischen den Fingern reiben, um die ätherischen Öle freizusetzen. In das Glas stecken und alles gut verrühren. Mit Mineralwasser auffüllen, einige Eiswürfel hineingeben und kalt genießen.

Eistee mit Minze

3 Grünteebeutel
2 EL Honig (etwa 1 TL pro
   Becher kochendes Wasser)
1 Handvoll Minzeblätter
Zitronensaft
Eiswürfel

Ich bereite morgens gern eine große Flasche oder einen Krug dieses Tees zu, damit er den ganzen Tag vorhält. An warmen Tagen ist er eine erfrischende Alternative zur notorischen Tasse Schwarztee.

Wasserkocher füllen und einschalten. Sie benötigen 6 Becher heißes Wasser (wenn der Krug oder die Flasche nicht aus Glas sind, 5 Becher kochendes Wasser und 1 Becher kaltes Wasser). Teebeutel einhängen und etwa 10 Minuten ziehen lassen.

Die Teebeutel herausnehmen und den Honig einrühren, bis er sich vollständig aufgelöst hat. Die Minze waschen, trocken tupfen, zerrupfen und zwischen den Fingern reiben, um die ätherischen Öle freizusetzen. In den Tee mischen, abkühlen lassen und anschließend in den Kühlschrank stellen.

In einem Glas auf Eis mit 1 Spritzer Zitronensaft kalt genießen.

Frische Ideen für Aromawasser

 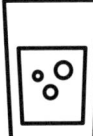 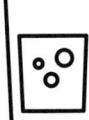

Salatgurke und Minze
Ananas, Bio-Orange und Bio-Zitrone
Apfel und Zimt
Bio-Limette und Minze
Erdbeeren und Basilikum
Bio-Zitrone und Bio-Limette
Mango und Himbeeren
Blaubeeren und Minze

Ich muss mich im Büro immer selbst daran erinnern, Wasser zu trinken. An hektischen Tagen vergesse ich schlicht, das Glas zu füllen. Dabei werden die Experten nicht müde zu erklären, wie wichtig ausreichend Flüssigkeit für die geistige und körperliche Leistungsfähigkeit ist. Also versuche ich darauf zu achten, immer genug Wasser zu trinken.

Um die Wasserzufuhr noch ein bisschen mehr in die Höhe zu schrauben, habe ich mir eine große Wasserflasche zugelegt, die auf meinem Schreibtisch steht. Jeden Morgen wird sie frisch gefüllt und da steht sie nun und ermahnt mich zu trinken. Als zusätzlichen Anreiz habe ich begonnen, Früchte hineinzugeben. Eine gesunde Einlage, frei von Konservierungsstoffen, die Farbe, Geschmack und eine belebende Frische in jeden Schluck bringt und meine tägliche Wasseraufnahme zunehmend zu einer Lust als zu einer Last macht.

Die Vorschläge auf den vorangegangen Seiten haben sich bestens bewährt, aber experimentieren Sie ruhig mit eigenen Ideen und Zutaten. Einfach eine Handvoll der gewählten Früchte klein schneiden (oder ein wenig zerdrücken, wenn es Beeren oder kleine Früchte sind) und mit einigen Kräutern in einen großen Krug Wasser geben.

Es gibt ein reiches Angebot an Wasserflaschen im Handel, einige Modelle sind sogar mit speziellen Körben oder Einsätzen für die Einlage ausgestattet. Eine gewöhnliche Plastik- oder Glasflasche oder auch eine Karaffe tun es natürlich auch. Die Flasche mit kaltem Wasser füllen (oder im Kühlschrank kalt stellen) und die Einlage darin 5 bis 10 Minuten ziehen lassen.

DRESSINGS & AUFSTRICHE

Manchmal macht ein bisschen Dressing den ganzen Unterschied. Falls Ihr Lunch bereits steht und es fehlt nur noch das gewisse Extra, dann werden Sie hier fündig. Oder wenn Ihnen am Vormittag nach einer süßen Stärkung ist, probieren Sie einen der leckeren bürogemachten Aufstriche auf Toast oder Reiswaffeln.

Honig-Senf-Dressing

1 TL körniger Senf
1 TL Olivenöl
1 TL Weiß- oder Rotweinessig
1 Spritzer Zitronensaft

Dieses Dressing ist eine schmackhafte Alternative zu dem Tahindressing auf der Süßkartoffel-Brokkoli-Bowl (siehe S. 103). Es hält sich im Kühlschrank bequem einige Tage lang.

Sämtliche Zutaten in einem Glas oder Becher vermengen, mit dem Deckel oder Frischhaltefolie fest verschließen und kräftig schütteln. Das war's schon!

Minze-Joghurt-Dressing

2 gehäufte EL Naturjoghurt
  oder griechischer Joghurt
einige Minzeblätter
1 TL Olivenöl
1 Spritzer Zitronensaft
Salz und Pfeffer aus der Mühle

Mit etwas gewürfelter Gurke wird dieses Dressing zu einem erfrischen Tsatsiki und 1 Prise rosenscharfes Paprikapulver sorgt für ein wenig Feuer.

Den Joghurt in eine Schüssel geben. Die Minze waschen, trocken tupfen, fein hacken und unterrühren. Das Olivenöl und den Zitronensaft dazugeben, mit etwas Salz und Pfeffer würzen und alles sorgfältig verrühren.

Zitronen-Dill-Öl
mit Feta

1 Stiel Dill
Saft von ½ Zitrone
1 EL Olivenöl
1 TL Weiß- oder Rotweinessig
Salz und Pfeffer aus der Mühle
1 EL Feta (Schafskäse), zerbröselt

Ein spritziger Begleiter zu Räucherlachs mit Brunnenkresse (siehe S. 106)

Den Dill waschen, trocken tupfen, Spitzen fein hacken und in ein Glas oder einen Becher streuen. Den Zitronensaft, das Olivenöl und den Essig dazugeben und mit Salz und Pfeffer würzen. Das Glas oder den Becher mit einem Deckel oder Frischhaltefolie fest verschließen und kräftig schütteln. Wieder öffnen und den Feta dazugeben.

Ingwer-Sojasauce

1 TL Sojasauce
1 TL Sesamöl
1 TL Reisessig
½ Frühlingszwiebel, gehackt
1 haselnussgroßes Stück Ingwer, gerieben
½ kleine Knoblauchzehe, gerieben

Das süß-salzige Aroma dieser Ingwer-Sojasauce verleiht asiatischen Gerichten das gewisse Extra. Passt zu pochiertem Chili-Lachs (siehe S. 94) und Lachs auf Asia-Krautsalat (siehe S. 98).

Die Sojasauce, das Sesamöl und den Reisessig in ein Glas oder einen Becher träufeln. Frühlingszwiebel, Ingwer und Knoblauch dazugeben, mit einem Deckel oder Frischhaltefolie fest verschließen und kräftig schütteln.

Basilikum-Vinaigrette

einige Basilikumblätter
2 EL Olivenöl
1 EL Rotweinessig
1 Spritzer Zitronensaft
Salz

Diese Vinaigrette ist eine clevere Methode, Basilikum zu verwerten, das nicht mehr top in Schuss ist. Sie schmeckt hervorragend zu Garnelen-Linguine (siehe S. 104) oder auf einem Tomaten-Mozzarella-Salat (siehe S. 74).

Die Basilikumblätter waschen, trocken tupfen, grob zerpflücken und in ein Glas oder einen Becher stecken. Das Olivenöl, den Essig und den Zitronensaft dazugeben und mit 1 Prise Salz würzen. Mit einem Deckel oder Frischhaltefolie fest verschließen und kräftig schütteln.

Granatapfel-Vinaigrette

1½ EL Granatapfelsirup
1 TL Senf
1 TL Honig
1 EL Rotweinessig
2 EL Olivenöl
Salz und Pfeffer aus der Mühle

Diese Vinaigrette macht sich gut über einem fruchtigen Grünkohlsalat (siehe S. 85) oder zu Salat mit Feigen und Ziegenkäse (siehe S. 82).

Den Granatapfelsirup, den Senf, den Honig und den Essig in einem Glas oder Becher verrühren. Mit einem Deckel oder Frischhaltefolie fest verschließen und kräftig durchschütteln.

Deckel oder Folie entfernen, langsam das Olivenöl einrühren und mit 1 Prise Salz und Pfeffer würzen.

Nussnougatcreme

1 EL Nussmus
1 EL ungesüßtes Kakaopulver
Salz
1 TL Honig oder Agavensirup
2 EL Mandeldrink

Ersetzen Sie ...
Mandeldrink durch
  Kokosmilch

Eine viel gesündere Alternative zum Supermarktaufstrich, die sich kühl und trocken gelagert eine Woche hält. Einfach direkt auf den Frühstückstoast streichen oder Früchte hineindippen und als Nachmittagssnack genießen.

Das Nussmus, das Kakaopulver und 1 Prise Salz in einem Glas vermengen. Den Honig oder Agavensirup dazugeben und alles mit dem Löffel verrühren. Den Mandeldrink einarbeiten, bis eine glatte streichfähige Paste entstanden ist. Wer es besonders schokoladig mag, kann noch etwas Kakao unterrühren.

Körniger Kokos-Frischkäse

2 gehäufte EL fettarmer
  körniger Frischkäse
2 TL Kokosraspel
1 TL Honig

Ich mische gern Stückchen von frischen Nektarinen unter diesen Aufstrich und genieße ihn auf Vollkorntoast als leichtes Frühstück oder Nachmittagssnack.

Sämtliche Zutaten in einer Schüssel verrühren, bis die Mischung homogen ist. Fertig!

Himbeer-Chia-Konfitüre

2 Handvoll Himbeeren
1 TL Chiasamen
1 TL Agavensirup oder Honig

Diese Konfitüre ist ein Genuss auf warmem Toast mit Bananenmus (siehe S. 33) oder auf Apfel-Crackern (siehe S. 130) als Vormittagsimbiss.

Die Himbeeren verlesen, waschen und trocken tupfen. In einem Glas oder einer Schüssel mit dem Löffel sanft zerdrücken. Die Chiasamen und den Agavensirup oder Honig sorgfältig unterrühren. Die Konfitüre einen Moment in den Kühlschrank stellen, bis die Chiasamen etwas weicher geworden sind – das dauert nur etwa 5 Minuten.

Erdbeer-Frischkäse-Aufstrich

1 Handvoll Erdbeeren
½ TL Honig
Zimtpulver
1 EL Frischkäse

Ersetzen Sie ...
Erdbeeren durch Himbeeren oder Brombeeren

Ein paar Haferkekse oder Reiswaffeln mit diesem Aufstrich bringen ein bisschen Schwung in Ihren Nachmittag.

Die Erdbeeren waschen, putzen und in Stücke schneiden. In einer Schüssel mit der Gabel grob zu einem stückigen Brei zerdrücken. Sorgfältig den Honig und 1 Prise Zimt unterrühren.

Den Frischkäse dazugeben und unter den Fruchtbrei rühren, bis er homogen und cremig ist.

Großzügig auf die gewählte Unterlage auftragen und mit einem netten Tässchen Tee hinunterspülen.

A

Ananas: Sonnige Frühstücks-Salsa 28
   Tropischer Chia-Becher 44
Äpfel: Apfel-Cracker 130
   Garnelen-Couscous-Salat 91
   Warmer Apfel-„Glühwein" 144
Aromawasser 150–153
Asia-Nudelsuppe 116
Aufstriche 163–165
   Erdbeer-Frischkäse-Aufstrich 164
   Himbeer-Chia-Konfitüre 164
   Körniger Kokos-Frischkäse 163
   Nussnougatcreme 163
Avocado: Avocado-Lachs-Bagel 41
   Burrito-Bowl 96
   Erbsenpesto-Chorizo-Crostini 63
   Falafel-Granatapfel-Pita 100
   Guacamole 57
   Kakao-Bananen-Mousse 126
   Räuchermakrele auf Bohnen-Paprika-Salat 122
   Sommerlicher Lachs-Zucchini-Salat 121
   Warmer Mango-Quinoa-Salat 76

B

Bagel: Avocado-Lachs-Bagel 41
Balsamico-Tomaten, warme 64
Bananen: Bananen-Himbeer-Toast 33
   Buchweizen-Bananen-Müsli 50
   Kakao-Bananen-Mousse 126
   Schoko-Bananen-Reiswaffeln 132
Basilikum-Vinaigrette 160
Becher/Tassen 18
Birnen-Mug-Cake 136
Blaubeeren: Apfel-Cracker 130
   Blaubeer-Joghurt-Reiswaffeln 132
Bohnen: Burrito-Bowl 96
   Grüne Quinoa-Bowl 70
   Hähnchenbrustfilet auf Bohnen-Bulgur-Salat 88
   Lachs auf Asia-Krautsalat 99

Puten-Reisnudel-Bowl 110
Räuchermakrele auf Bohnen-Paprika-Salat 122
Thunfisch-Bohnen-Salat 80
Brioche-Toast 30
Brokkoli: Pochierter Chili-Lachs 94
   Süßkartoffel-Brokkoli-Bowl 103
Brombeer-Minz-Limonade 149
Brot: Sattmacher-Sandwich 118
   Falafel-Granatapfel-Pita 100
   Tomaten-Basilikum-Bruschetta 58
   siehe auch Toast
Brownie-Mugcake 139
Brühe/Brühwürfel 15
Brunnenkresse: Kartoffel-Dill-Salat 106
Bruschetta: Tomaten-Basilikum-Bruschetta 58
Buchweizen-Bananen-Müsli 50
Bulgur 22
   Hähnchenbrustfilet auf Bohnen-Bulgur-Salat 88
   Bulgur-Kichererbsen-Taboulé 79
   Tomaten-Paprika-Bulgursalat 109
Burrito-Bowl 96

C/D

Chiasamen: Buchweizen-Bananen-Müsli 50
   Himbeer-Chia-Konfitüre 164
   Tropischer Chia-Becher 44
Chili-Lachs, pochierter 94
Chorizo: Chorizo-Linguine 115
   Erbsenpesto-Chorizo-Crostini 63
   Hähnchen-Chorizo-Sandwich 118
Couscous 22
   Garnelen-Couscous-Salat 91
Cracker: Apfel-Cracker 130
Crostini: Erbsenpesto-Chorizo-Crostini 63
Dressings 22
   Basilikum-Vinaigrette 160
   Granatapfel-Vinaigrette 160
   Honig-Senf-Dressing 157
   Ingwer-Sojasauce 158

Minze-Joghurt-Dressing 157
Zitronen-Dill-Öl 158

E

Easy Florentiner Eier 37
Echte heiße Schokolade 145
Edamame-Bohnen: Lachs auf Asia-Krautsalat 99
    Puten-Reisnudel-Bowl 110
Eier 21
    Easy Florentiner Eier 37
    Kräuter-Ziegenkäse-Rührei 42
    Nizza-Salat 92
Eistee mit Minze 149
Erbsen: Erbsenpesto-Chorizo-Crostini 63
    Grüne Quinoa-Bowl 70
Erdbeeren: Brioche-Toast 30
    Erdbeer-Frischkäse-Aufstrich 164
    Erdbeer-Hafer-Muffin 27
    Fruchtige Overnight Oats 47
    Fruchtige Schinken-Schnittchen 60
    Schokoladen-Orangen-Fondue 135
    Schoko-Orangen-Porridge 38
Erdnussbutter: Hähnchen-Satay-Spieße 66
Essig 15

F

Falafel-Granatapfel-Pita 100
Feigen: Feigen-Ricotta-Toast 33
    Feigen-Ziegenkäse-Salat 82
Feta: Grüne Quinoa-Bowl 70
Fondue: Schokoladen-Orangen-Fondue 135
Frischer Himbeer-Minztee 144
Frozen Yoghurt mit bunten Früchten 129
Früchte: Aromawasser 150
    Brioche-Toast 30
    Frozen Yoghurt mit bunten Früchten 129
    Fruchtige Overnight Oats 47
    Fruchtiger Grünkohlsalat 85
    Fruchtige Schinken-Schnittchen 60

Kakao-Bananen-Mousse 126
Schokoladen-Orangen-Fondue 135
Schoko-Orangen-Porridge 38
siehe auch Ananas, Himbeeren etc.
Frühstücks-Salsa, sonnige 28

G

Garnelen: Garnelen-Couscous-Salat 91
    Garnelen-Linguine 104
Gebackene Süßkartoffel 112
Gemüse: Rohkostgemüse 57
    siehe auch Paprika, Tomaten *etc.*
Getränke 141–153
    Aromawasser 150
    Brombeer-Minz-Limonade 149
    Echte heiße Schokolade 145
    Eistee mit Minze 149
    Frischer Himbeer-Minztee 144
    Warmer Apfel-„Glühwein" 144
    Warme Zimt-Honig-Milch 145
Getreide 12, 22
Gewürze 15–16
„Glühwein": Warmer Apfel-„Glühwein" 144
Granatapfelkerne: Bulgur-Kichererbsen-Taboulé 79
    Falafel-Granatapfel-Pita 100
    Feigen-Ziegenkäse-Salat 82
    Fruchtige Overnight Oats 47
    Fruchtiger Grünkohlsalat 85
Granatapfel-Vinaigrette 160
Grüne Quinoa-Bowl 70
Guacamole 57

H

Hafer 15
    Erdbeer-Hafer-Muffin 27
    Fruchtige Overnight Oats 47
    Power-Bircher-Müsli 49
    Schoko-Orangen-Porridge 38

Warme Honig-Nektarinen 27
Hähnchen 22
    Burrito-Bowl 96
    Hähnchenbrustfilet auf Bohnen-Bulgur-Salat 88
    Hähnchen-Chorizo-Sandwich 118
    Hähnchen-Satay-Spieße 66
Heiße Schokolade, echte 145
Himbeeren: Apfel-Cracker 130
    Bananen-Himbeer-Toast 33
    Brioche-Toast 30
    Frischer Himbeer-Minztee 144
    Fruchtige Overnight Oats 47
    Himbeer-Chia-Konfitüre 164
Honig-Senf-Dressing 157

I/J

Ingwer-Sojasauce 158
Joghurt: Blaubeer-Joghurt-Reiswaffeln 132
    Frozen Yoghurt mit bunten Früchten 129
    Hähnchenbrustfilet auf Bohnen-Bulgur-Salat 88
    Minze-Joghurt-Dressing 157
    Rote-Bete-Joghurt-Salat 54

K

Kakao-Bananen-Mousse 126
Kartoffeln: Kartoffel-Dill-Salat 106
    Nizza-Salat 92
Käse: Gebackene Süßkartoffel 112
    Feigen-Ricotta-Toast 33
    Feigen-Ziegenkäse-Salat 82
    Fruchtige Schinken-Schnittchen 60
    Grüne Quinoa-Bowl 70
    Körniger Kokos-Frischkäse 163
    Sattmacher-Sandwich 118
    Süßkartoffel-Brokkoli-Bowl 103
    Tomaten-Mozzarella-Salat 74
    Zitronen-Tagliatelle 104
    Zitronen-Zucchininudeln 73
Knoblauch 16

Kohl: Fruchtiger Grünkohlsalat 85
    Lachs auf Asia-Krautsalat 99
Kokos-Frischkäse, körniger 163
Konfitüre: Himbeer-Chia-Konfitüre 164
Körniger Kokos-Frischkäse 163
Kräuter 15, 17
Kräuter-Ziegenkäse-Rührei 42
Krautsalat: Lachs auf Asia-Krautsalat 99
Küchenausstattung 18
Küchentechniken und Tipps 21–22
Kuchen: Birnen-Mugcake 136
    Brownie-Mugcake 139

L

Lachs 21
    Lachs auf Asia-Krautsalat 99
    Pochierter Chili-Lachs 94
    siehe auch Räucherlachs
Limetten 16
Limonade: Brombeer-Minze-Limonade 149
Linguine: Chorizo-Linguine 115
    Garnelen-Linguine 104

M/N

Makrele: Räuchermakrele auf Bohnen-Paprika-Salat 122
Mandelmus: Apfel-Cracker 130
Mango: Sonnige Frühstücks-Salsa 28
    Tropischer Chia-Becher 44
    Warmer Mango-Quinoa-Salat 76
Milch, Mandeldrink und Kokosmilch:
    Birnen-Mugcake 136
    Brownie-Mugcake 139
    Buchweizen-Bananen-Müsli 50
    Echte heiße Schokolade 145
    Erdbeer-Hafer-Muffin 27
    Fruchtige Overnight Oats 47
    Kakao-Bananen-Mousse 126
    Kräuter-Ziegenkäse-Rührei 42

Power-Bircher-Müsli 49
Tropischer Chia-Becher 44
Warme Zimt-Honig-Milch 145
Minze: Brombeer-Minz-Limonade 149
    Eistee mit Minze 149
    Hähnchenbrustfilet auf Bohnen-Bulgur-Salat 88
    Minze-Joghurt-Dressing 157
Mugcakes: Birnen-Mugcake 136
    Brownie-Mugcake 139
Muffin: Erdbeer-Hafer-Muffin 27
Müsli: Power-Bircher-Müsli 49
Nizza-Salat 92
Nektarinen: Warme Honig-Nektarinen 27
Nudeln: 15
    Asia-Nudelsuppe 116
    Pochierter Chili-Lachs 94
    Puten-Reisnudel-Bowl 110
Nüsse 12
Nussnougatcreme 163

O/P

Olivenöl 15
Orangen: Schokoladen-Orangen-Fondue 135
    Schoko-Orangen-Porridge 38
Overnight Oats, fruchtige 47
Pak Choi: Puten-Reisnudel-Bowl 110
Paprika: Puten-Reisnudel-Bowl 110
    Tomaten-Paprika-Bulgursalat 109
    Räuchermakrele auf Bohnen-Paprika-Salat 122
Pasta: Chorizo-Linguine 115
    Garnelen-Linguine 104
    Zitronen-Tagliatelle 104
Pesto: Erbsenpesto-Chorizo-Crostini 63
Pita: Falafel-Granatapfel-Pita 100
Pochierter Chili-Lachs 94
Porridge: Schoko-Orangen-Porridge 38
Power-Bircher-Müsli 49
Pute 22
    Puten-Reisnudel-Bowl 110

Q/R

Quinoa 22
    Grüne Quinoa-Bowl 70
    Warmer Mango-Quinoa-Salat 76
Räucherlachs: Avocado-Lachs-Bagel 41
    Kartoffel-Dill-Salat 106
    Sommerlicher Lachs-Zucchini-Salat 121
Räuchermakrele auf Bohnen-Paprika-Salat 122
Reisnudeln: Pochierter Chili-Lachs 94
    Puten-Reisnudel-Bowl 110
Reiswaffeln: Blaubeer-Joghurt-Reiswaffeln 132
    Schoko-Bananen-Reiswaffeln 132
Reste 17
Ricotta: Feigen-Ricotta-Toast 33
Rohkostgemüse 57
Rote-Bete-Joghurt-Salat 54
Rotkohl: Lachs auf Asia-Krautsalat 99

S

Salat: Bulgur-Kichererbsen-Taboulé 79
    Burrito-Bowl 96
    Feigen-Ziegenkäse-Salat 82
    Fruchtiger Grünkohlsalat 85
    Garnelen-Couscous-Salat 91
    Hähnchenbrustfilet auf Bohnen-Bulgur-Salat 88
    Kartoffel-Dill-Salat 106
    Lachs auf Asia-Krautsalat 99
    Nizza-Salat 92
    Räuchermakrele auf Bohnen-Paprika-Salat 122
    Rote-Bete-Joghurt-Salat 54
    Sommerlicher Lachs-Zucchini-Salat 121
    Thunfisch-Bohnen-Salat 80
    Tomaten-Mozzarella-Salat 74
    Tomaten-Paprika-Bulgursalat 109
    Warmer Mango-Quinoa-Salat 76
    Zitronen-Zucchininudeln 73
Salatgurke: Hähnchen-Satay-Spieße 66
Sandwiches: Hähnchen-Chorizo-Sandwich 118
    Sattmacher-Sandwich 118

Satay-Sauce: Hähnchen-Satay-Spieße 66
Schinken: Feigen-Ziegenkäse-Salat 82
    Fruchtige Schinken-Schnittchen 60
    Tomaten-Mozzarella-Salat 74
    Sattmacher-Sandwich 118
    Warme Balsamico-Tomaten 64
Schokolade: Brownie-Mugcake 139
    Echte heiße Schokolade 145
    Kakao-Bananen-Mousse 126
    Nussnougatcreme 163
    Schoko-Bananen-Reiswaffeln 132
    Schokoladen-Orangen-Fondue 135
    Schoko-Orangen-Porridge 38
Sojasauce: Ingwer-Sojasauce 158
Sommerlicher Lachs-Zucchini-Salat 121
Sonnige Frühstücks-Salsa 28
Spargel: Nizza-Salat 92
Spinat: Easy Florentiner Eier 37
    Gebackene Süßkartoffel 112
Suppe: Asia-Nudelsuppe 116
Süßkartoffel: Gebackene Süßkartoffel 112
    Süßkartoffel-Brokkoli-Bowl 103
Süßungsmittel 16

T

Taboulé: Bulgur-Kichererbsen-Taboulé 79
Tagliatelle: Zitronen-Tagliatelle 104
Tee: Eistee mit Minze 149
Thunfisch: Nizza-Salat 92
    Thunfisch-Bohnen-Salat 80
Toast: Bananen-Himbeer-Toast 33
    Brioche-Toast 30
    Easy Florentiner Eier 37
    Erbsenpesto-Chorizo-Crostini 63
    Feigen-Ricotta-Toast 33
    Fruchtige Schinken-Schnittchen 60
    Kräuter-Ziegenkäse-Rührei 42
    Tomaten-Basilikum-Bruschetta 58
    Warme Balsamico-Tomaten 64

Tomaten: Bulgur-Kichererbsen-Taboulé 79
    Chorizo-Linguine 115
    Gebackene Süßkartoffel 112
    Sattmacher-Sandwich 118
    Thunfisch-Bohnen-Salat 80
    Tomaten-Basilikum-Bruschetta 58
    Tomaten-Mozzarella-Salat 74
    Tomaten-Paprika-Bulgursalat 109
    Warme Balsamico-Tomaten 64
    Zitronen-Zucchininudeln 73
Tropischer Chia-Becher 44

V/W

Vinaigrette: Basilikum-Vinaigrette 160
    Granatapfel-Vinaigrette 160
Warenkunde 12-16
Warme Balsamico-Tomaten 64
Warme Honig-Nektarinen 27
Warmer Apfel-„Glühwein" 144
Warmer Mango-Quinoa-Salat 76
Warme Zimt-Honig-Milch 145

Z

Ziegenkäse: Feigen-Ziegenkäse-Salat 82
    Fruchtige Schinken-Schnittchen 60
    Kräuter-Ziegenkäse-Rührei 42
    Zitronen-Zucchininudeln 73
Zimt-Honig-Milch, warme 145
Zitrone: Brombeer-Minz-Limonade 149
    Hähnchenbrustfilet auf Bohnen-Bulgur-Salat 88
    Warme Honig-Nektarinen 27
    Zitronen-Dill-Öl 158
    Zitronen-Tagliatelle 104
    Zitronen-Zucchininudeln 73
Zucchini: Garnelen-Couscous-Salat 91
    Grüne Quinoa-Bowl 70
    Hähnchenbrustfilet auf Bohnen-Bulgur-Salat 88
    Sommerlicher Lachs-Zucchini-Salat 121
    Zitronen-Zucchininudeln 73

DANKESCHÖN

Danke an Robert, dass du mich gefunden hast, und an Zena, dass du das Wagnis eingegangen bist. Danke Anna für die Textarbeit, an Joanna für die Kameratipps und an Sarah für die schöne Gestaltung. Ebenfalls danke an Diane, Cliff, Chris, Emma und Andrew für die Unterstützung und an Helen und Malcolm für das geduldige Entgegenkommen. Danke an Allison, Jennifer und Naomi für die Ermunterung zu Beginn und an Nathan, dass du mich bis zum Schluss ertragen hast. Und schließlich danke an Haverstock für den fantastischen Job und dieses grandiose Büro zum Arbeiten und Kochen.

Titel des englischen Originals: Made in the Office
Copyright des englischen Originals © Frances Lincoln, 2016
Texte und Fotografie © Rachel Maylor, 2016
Grafik: Sarah Allberrey
Projektleitung: Zena Alkayat
Redaktion: Anna Watson

Übersetzung: Helmut Ertl

Copyright für die deutsche Ausgabe:
ZS Verlag GmbH, 2017
Kaiserstraße 14b
D-80801 München

ISBN: 978-3-89883-710-1
1. Auflage 2017

Die ZS Verlag GmbH ist ein Unternehmen der Edel AG, Hamburg.
www.zsverlag.de | www.facebook.com/zsverlag

Alle Rechte vorbehalten. All rights reserved.
Das Werk darf – auch teilweise – nur mit Genehmigung
des Verlags wiedergegeben werden.

Gedruckt und gebunden in China

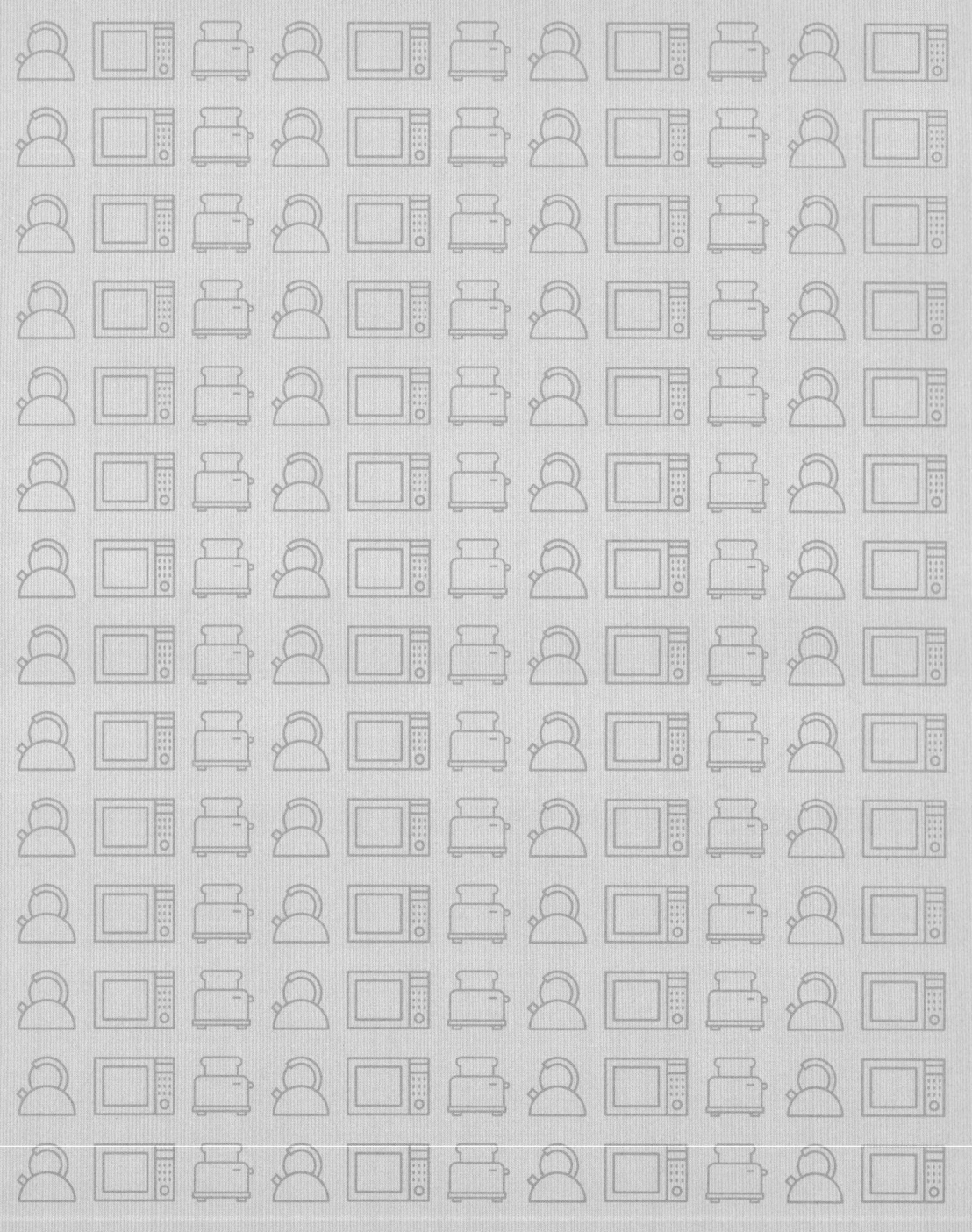